Gerhard Buzek · Perfekt Off Road Fahren

Gerhard Buzek

PERFEKT OFF ROAD FAHREN

MOTORBUCH VERLAG
STUTTGART

Einbandgestaltung: Johann Walentek unter Verwendung eines Dias des Autors.

Fotos und Skizzen: Gerhard Buzek und Klaus Riebisch.

Die Ratschläge in diesem Buch sind von Autor und Verlag sorgfältig erwogen und geprüft, dennoch kann eine Garantie nicht übernommen werden. Eine Haftung des Autors bzw. des Verlages und seiner Beauftragten für Personen-, Sach- und Vermögensschäden ist ausgeschlossen.

ISBN 3-613-01584-6

1. Auflage 1994

Ein Unternehmen der Paul Pietsch Verlage GmbH & Co.

Satz: Vaihinger Satz+Druck, 71665 Vaihingen/Enz.
Druck: Studio-Druck, 72622 NT-Raidwangen.
Bindung: H. Koch, 72072 Tübingen.
Printed in Germany.

Inhalt

Vorwort

Staus, Baustellen, ein endloser Wald aus Verkehrsschildern und überall gilt die StVO. Damit geben sich immer weniger Menschen zufrieden. Sie suchen Freiheit, Abenteuer und Fahrvergnügen und wollen auch in ihrer Freizeit auf das Auto nicht verzichten. Die Alternative heißt: Off Road. Es ist die hohe Schule des Fahrens und gleichzeitig Abenteuer pur. Doch Vergnügen macht auch dieses Hobby nur, wenn man das Fahrzeug beherrscht und das Gelände sowie Extremsituationen zu meistern gelernt hat. Dieses Handbuch – mit seiner Vielzahl an Tips und Tricks aus allen Bereichen des Off-Road-Fahrens – hält sich daher nicht mit Fahrtechniken für den Alltagsgebrauch auf, sondern beginnt da, wo es mit herkömmlicher Fahrpraxis und Hilfstechniken kein Weiterkommen mehr gibt. Ein Buch also, das sowohl dem Einsteiger wie dem Routinier das Fahren im Gelände zu einem spannenden, eindrucksvollen und erlebnisreichen Abenteuer werden läßt – egal, ob Sie nur eine Eintagestour oder eine richtige Expedition planen.

Selbstverständlich erhebt das Buch keinen Anspruch auf Vollständigkeit. Bewußt beschränkt sich der Verfasser auf jene Bereiche, die langjährige Off-Road-Praxis als relevant erwiesen hat, um auch in schwierigem Gelände bestehen zu können.

Der Verfasser dankt ganz besonders Herrn Christian Karlberger. Der Trainer des österreichischen Camel-Trophy-Teams und mehrfache österreichische Geländewagenmeister stellte für dieses Buch seine reichhaltigen Off-Road-Erfahrungen zur Verfügung.

Das Auto

Allgemeines

Es gibt eine Vielzahl von Geländeautos unterschiedlichster Marken und Typen. Sie werden laufend modifiziert oder durch neue Modelle ersetzt beziehungsweise ergänzt. Jeder Leistungsvergleich bestimmter Marken oder Modelle wäre daher schon vor Drucklegung überholt und nicht mehr aktuell. Wesentlich präzisere Werte zur Auswahl eines eigenen Wagens liefern da schon die unterschiedlich gewichteten Leistungscharakteristika bestimmter Konstruktionsprinzipien. Im Anschluß werden daher folgende Bereiche im Detail behandelt: Karosserie, Motor, Kraftübertragung, Fahrwerk und Bremsen. Dabei können die eigenen Wünsche und Bedürfnisse den entsprechenden Leistungsdaten gegenübergestellt und verglichen werden. Diese Vorgehensweise soll es ermöglichen, die Ideen und Absichten hinter den einzelnen technischen Lösungen zu erkennen und anhand der jeweiligen Vor- und Nachteile das für den persönlichen Einsatz bestmögliche Modell auszuwählen.

Zwei grundsätzlich begrenzende Faktoren sind dabei zu berücksichtigen – nämlich der hauptsächliche Verwendungszweck des Fahrzeuges und die für den Ankauf zur Verfügung stehenden Geldmittel.

Beide Faktoren beeinflussen die Auswahl wesentlich. Im ersten Fall hauptsächlich die Bereiche Karosserie, Motor und Kraftübertragung, im letzten Fall eher Fahrzeugmodell und technische Ausstattung.

Wer die Wahl hat, hat die Qual. Prinzipiell unterscheiden Hersteller zwischen »großen« und »kleinen« Geländefahrzeugen. Die Zugehörigkeit zu einer der beiden Kategorien wird durch das Gewicht des Wagens bestimmt. Fahrzeuge bis circa 1200 Kilogramm Gesamtgewicht sind »klein«, solche über 1500 Kilogramm »groß«. Der Bereich zwischen 1200 und 1500 Kilogramm wird derzeit noch von keinem Modell oder Typ besetzt. Hinter dieser Einteilung stehen reine Marketingüberlegungen der Produktionsfirmen: Selbstverständlich wäre es kein Problem, in ein sogenanntes »kleines« Fahrzeug die gleiche aufwendige und leistungsstarke

Technik einzubauen wie in einen »großen« Geländewagen. Aber weniger Gewicht heißt weniger Ausstattung und erlaubt damit einen niedrigeren Verkaufspreis. Eine andere Klientel wird damit angesprochen.

Grob vereinfachend kann man sagen, daß kleine Geländewagen die Sparvariante der großen sind. Das betrifft nicht nur die Leistungsfähigkeit in schwerem Gelände, sondern auch die Bereiche Raumangebot, Sicherheit bei Unfällen und allgemeine Robustheit. Auch die Kippstabilität ist bei kleinen Fahrzeugen geringer, da aufgrund der geringeren Fahrzeugbreite der Fahrzeugschwerpunkt wegen der erforderlichen Bodenfreiheit höher als bei großen Wagen liegt. Für welches Fahrzeug Sie sich entscheiden, ist daher hauptsächlich vom Verwendungszweck abhängig; ob also die gebotene Leistungsfähigkeit Ihren Anforderungen genügt. Ist die kleinere Variante ausreichend, so bekommen Sie unter Umständen alles, was Sie brauchen, eben für weniger Geld.

Technische Lösungen

Bereich Karosserie

Grundsätzlich müssen zwei Karosserietypen unterschieden werden: die selbsttragende Karosserie und die Rahmenkonstruktion. Allerdings werden in modernen Geländeautos Rahmenkonstruktionen verwendet, bei denen auch die Karosserie mitträgt und dazu mit dem Rahmen verbunden ist. Der größte Teil der einwirkenden Kräfte wird dabei aber durch den Rahmen getragen.

Bei der tatsächlich ausschließlich selbsttragenden Karosserie stellt besonders das geringere Gewicht einen Vorteil dar. Dem stehen aber bedeutsame Nachteile entgegen: Stöße, Vibrationen und Geräusche werden wesentlich stärker in den Fahrzeuginnenraum übertragen, da man bei diesem Typ die Karosserie nur bedingt von den durch das Geländefahren bedingten Stößen abschirmen kann. Es ist allerdings möglich, die Übertragung der Schwingungen durch den Einbau von Gummilagern zu mildern.

Immer mehr weichen heutzutage die Konstrukteure von einer rein selbsttragenden Karosserie ab. Vor allem auch, weil im Falle einer Beschädigung der Reparaturaufwand hoch und die Möglichkeit, gerade im Gelände mit einem schweren Schaden weiterzukommen, gering ist.

Bei offenen Modellen sollte man aus Gründen der Sicherheit auf keinen Fall auf einen stabilen Überrollbügel verzichten. Bei der Auswahl des Fahrzeugs ist auch die Übersichtlichkeit der Karosserie ein wichtiger Aspekt. In vielen, vor allem in leichteren Fahrzeugtypen sitzt der Fahrer vergleichsweise tief, was bei Fahrten im Gelände ein Nachteile mit sich bringt. Hierauf sollte man beim Probesitzen unbedingt achten.

Unterschiedliche Philosophien werden auch in der Frage des Luftwiderstandes vertreten. Konstruieren die einen die Karosserie etwas runder, um den Luftwiderstand beim Fahren auf der Straße zu verringern, und damit den Einsatz des Autos in diesem Bereich sparsamer, billiger und die Fahrt schneller zu machen, so tendieren die anderen eher noch zum harten, kantigen Off-

Road-Look, der bei leichten Kollisionen mit Bäumen oder im Falle von Astschäden tatsächlich durch seine kantige Form etwas robuster ist. Der Nachteil einer kantigen Karosserie liegt im höheren Spritverbrauch und einem größeren Verletzungsrisiko bei Kollisionen mit Fußgängern o. a. Verkehrsteilnehmern begründet.

Bereich Motor

Bei Geländewagen werden derzeit nur die Varianten Benzin- oder Dieselmotor angeboten; wobei hier weniger die technischen, sondern vor allem die Unterschiede im Gebrauchswert im Vordergrund stehen.

Grundsätzlich muß gesagt werden, daß beim Fahren im Gelände hohes Drehmoment im unteren Drehzahlbereich von ausschlaggebender Bedeutung ist. Es erspart Schaltvorgänge, schont die Kupplung und ermöglicht dosierte Kraftzufuhr bei niedrigen Geschwindigkeiten. Alles Forderungen, die die richtige Technik des Geländefahrens verlangt.

Diese Motoreigenschaft kann allerdings besonders beim Benzinmotor nur über den Hubraum erreicht werden. Dieser liegt dabei im allgemeinen zwischen 2,5 und 3 Litern, manchmal auch darüber. Ein Nachteil des großen Hubraumes ist in seinem erhöhten Treibstoffverbrauch zu sehen, der beim Benzinmotor deutlicher ausgeprägt ist als beim Diesel.

In kleinen Geländefahrzeugen kann man auch leichtere Motoren so um die 1,6 Liter Hubraum finden. Das hier in wesentlich geringerem Umfang vorhandene Drehmoment im unteren Leistungsbereich erzwingt speziell abgestimmte Gangüber- und untersetzungen, um die an einen Geländewagen gestellten Anforderungen letztlich doch noch zu erfüllen. Trotzdem muß früher und wesentlich öfter geschaltet und auf die Untersetzung zurückgegriffen werden, wobei aus Kraftmangel erzwungene Schaltvorgänge in kritischen Situationen im Gelände der erste Schritt zum Mißerfolg sein können.

Zusammenfassend kann gesagt werden, daß beim Fahren im Gelände unter normalen Bedingungen großvolumige Benzin- und Dieselmotoren in etwa gleich gut geeignet sind, wobei Dieselmotoren bei gleichem Drehmoment ein etwas geringeres Volumen als Benziner haben können. Auf der Straße ist das Bild etwas anders. Bei höheren Drehzahlen bringt der Benzinmotor höhere Leistung, der Dieselmotor baut aber nach oben hin eher ab. Nicht umsonst sagt man, daß hohe Drehzahlen über einen längeren Zeitraum der Tod jedes Dieselmotors sind.

Betrachtet man jedoch den Verbrauch, hat wieder der Dieselmotor die Nase vorne. Besonders bei schwierigen Geländefahrten liegen die Verbrauchswerte eines Dieselmotors immer unter denen eines Benzinmotors.

Im technischen Bereich sagt man dem im Geländewagen üblichen modernen, großvolumigen Benzinmotor aufgrund seiner geringen Literleistung zumindest gleiche Robustheit und Lebensdauer nach wie dem Dieselmotor.

Beide Motortypen werden laufend verbessert, um die Schwächen zu minimieren, d. h. beim Benzinmotor das Drehmoment im unteren Bereich und beim Dieselmotor die Leistung im oberen Drehzahlbereich zu verbessern – und in beiden Fällen den Verbrauch zu reduzieren.

Trotzdem bleiben die tendenziellen Vor- und Nachteile, wenn auch in wesentlich geringerer Ausprägung, bestehen. Beim Fahren im Gelände wird daher die Entscheidung hauptsächlich von persönlichen Vorlieben oder Kriterien abseits des Geländefahrens abhängen.

Bereich Kraftübertragung

Die Kraftübertragung stellt die Verbindung des Motor-Drehmoments zu den angetriebenen Rädern her. Prinzipiell sind Geländefahrzeuge mit einem Allradantrieb versehen. Zu unterscheiden ist zwischen Fahrzeugen, bei denen der Allradantrieb ständig in Funktion ist – das heißt, es werden ständig alle vier Räder angetrieben – und solchen, bei denen dieser Allradantrieb abschaltbar ist.

Grundsätzlich geht der Trend im Geländefahrzeugbau heute aufgrund der Einsatzbedingungen zum kombinierten Allradantrieb. Die Ursache dafür wird hauptsächlich mit ökonomischen Überlegungen begründet. Die Fahrzeuge werden mehrheitlich auf der Straße und hier meist über den Hinterradantrieb bewegt – und nur eine angetriebene Achse bedeutet geringeren Treibstoffverbrauch. Bei Bedarf kann dann der Fahrer die Vorderräder dazuschalten.

Für das Einschalten des zusätzlichen Vorderradantriebes gibt es allerdings verschiedene Möglichkeiten. Hier treffen wir wieder auf die Kategorie der »kleinen« Geländewagen, die recht einfach konstruiert sind: Die Hinterräder werden vom Motor angetrieben, die Vorderräder laufen durch die Fahrzeugbewegung mit. Bei Bedarf wird – vereinfacht dargestellt – über eine Schiebemuffe die vordere Kardanwelle mit dem Getriebe verbunden und die Kraft des Motors auch auf die Vorderräder übertragen. Zu diesem Zweck muß das Fahrzeug nicht angehalten werden.

Bei Geradeausfahrt, wenn die Vorder- und Hinterräder die gleiche Umdrehungszahl aufweisen, funktioniert dieses System durchaus brauchbar. Allerdings gibt es dabei keinen Drehzahlausgleich zwischen den vorderen und den hinteren Rädern. Das Fahrzeug verspannt sich daher in den Kurven, und der dabei entstehende Drehzahlunterschied muß zwischen Reifen und Fahrbahn abgebaut werden. Das ist im Gelände oder auf losem Untergrund absolut kein Problem, auf trockenem Asphalt und besonders mit etwas breiteren Reifen kann sich das ganze Fahrzeug aber so sehr verwinden, daß man im Extremfall den Allradantrieb nicht mehr ausschalten kann, beziehungsweise, was noch wesentlich schwerer wiegt, es zu einer extremen Kurvenunwilligkeit des Fahrzeugs kommen kann. Ein nicht zu unterschätzendes Sicherheitsrisiko. Dasselbe Problem kann auch auftreten, wenn man beispielsweise unterschiedlich abgefahrene Reifen verwendet. Denn dadurch ergibt sich ein merkbarer Drehzahlunterschied zwischen Vorder- und Hinterrädern, der ausreicht, um den Antrieb zu blockieren. In einem solchen Fall muß dann mit den entsprechenden Tricks gearbeitet werden, z.B. mit Lastwechsel, engem

Kurvenfahren oder mit Anheben des Fahrzeugs an der Vorder- oder Hinterachse, um den Allradantrieb abschalten zu können.

Der nächste Schritt die technische Entwicklung hinauf sind die sogenannten »Freilaufnaben«. Darunter versteht man einen meist im Bereich der Vorderräder befindlichen Schaltmechanismus, der es ermöglicht, den vorderen Antriebsstrang bei Nichtbenützung von den Rädern zu trennen. Das heißt, daß nicht wie beim vorhin besprochenen System die nicht angetriebenen Vorderräder immer auch den gesamten vorderen Antriebsstrang passiv mitbewegen, sondern dieser steht bei Nichtgebrauch still. Die Vorteile dabei sind wesentlich geringere Materialabnützung und geringerer Treibstoffverbrauch.

Will man bei Freilaufnaben den Allradantrieb zuschalten, so muß man, wählt man die technisch einfachere Lösung, dazu erst anhalten und bei stehendem Fahrzeug schalten. Lösungen, die ein Zuschalten während des Fahrens ermöglichen, sind aufwendig und teuer, werden aber bei gehobenen Modellen im Handel durchaus angeboten.

Freilaufnaben gibt es in zwei Ausführungen: manuell und automatisch. Bei der manuellen Lösung muß man aus dem Fahrzeug aussteigen und durch einen Handgriff über einen Verschluß die Verbindung zwischen Rad und Antriebsstrang herstellen. Hat man diesen Mechanismus einmal eingeschaltet, dreht sich der Antriebsstrang immer mit. Bei automatischen Freilaufnaben dagegen genügt es, im Stand den Wahlhebel für den Vierradantrieb einzulegen. Man fährt los, und die Freilaufnaben sind in Funktion. Wie dieser Mechanismus dann auszuschalten ist, ist modellspezifisch unterschiedlich. Meistens erfolgt die Entriegelung durch Zurückfahren bei ausgeschaltetem Vierradantrieb. Damit steht der vordere Antriebsstrang wieder still.

Für den reinen Geländeeinsatz erscheinen manuelle Freilaufnaben etwas besser geeignet, weil automatische Freilaufnaben bei jeder Schaukelbewegung ständig verriegelt und entriegelt werden. Dabei werden nicht nur wertvolle Zentimeter verschenkt, sondern es wird auch die mechanische Beanspruchung – und damit der Verschleiß – deutlich erhöht. Bei der manuellen ist das System entweder ein- oder ausgeschaltet.

Diese Konstruktionen bieten aber immer noch keinen Ausgleich unterschiedlicher Drehzahlen bei Vorder- und Hinterrädern. Das mag zwar bei reinem Geländebetrieb ein zu vernachlässigender Faktor sein, beim Fahren auf der Straße sind aber bei Allradantrieb die erwähnten Schwachpunkte deutlich spürbar. Um auch diese auszuschalten und trotzdem die Vorteile des Allradantriebes auf der Straße nutzen zu können, bieten einige Hersteller in der gehobenen Preisklasse die Möglichkeit des wählbaren Allradantriebes an. In diesem Fall wird die Drehzahl zwischen Vorder- und Hinterachse über ein Mitteldifferential ausgeglichen; der zugelassene Drehzahlunterschied ist allerdings durch eine automatische Sperre begrenzt. Damit kommt diesem Problem eine technische Lösung entgegen, die auch für Geländefahrzeuge das Fahren auf der Straße nicht zum Sicherheitsrisiko werden läßt.

Eine weitere, für Geländewagen unabdingbare Voraussetzung ist das Sperrdifferential. Aufgabe eines Sperrdifferentials ist es, den durch das Ausgleichgetriebe (Differential) bewirkten Drehzahlausgleich zwischen den Rädern einer Achse oder den Gelenkwellen zweier Antriebsachsen ganz oder bis zu einem durch den Sperrwert festgelegten Bereich zu sperren. Ein Ausgleichgetriebe ohne Ausgleichsperre bewirkt, daß jedes Antriebsrad mit gleich großem Drehmoment angetrieben wird. Das auf ein Antriebsrad übertragene Drehmoment wird dabei durch das Rad bestimmt, das die geringere Bodenhaftung besitzt. Dreht z. B. ein Antriebsrad auf eisglatter Fahrbahn oder weichem Untergrund durch, so überträgt es keine Vorschubkraft. Das Ausgleichgetriebe wirkt sich hier nachteilig aus. Es bewirkt, daß das andere Rad, obwohl es z. B. gute Fahrbahnhaftung hat, ebenfalls keine Vorschubkraft überträgt. Es bleibt einfach stehen. Somit ist das Anfahren unmöglich.

Ein Sperrdifferential oder auch eine selbsttätige Ausgleichsperre bewirkt, daß bei einem durchdrehenden Rad durch Sperrung des Ausgleichs das andere Rad noch Antriebskraft auf die Fahrbahn übertragen kann.

Meist sitzt dieses Sperrdifferential nur an der Hinterachse. Fahrzeuge, die schwerpunktmäßig auf extremen Geländeeinsatz ausgelegt sind (z.B. Militärfahrzeuge), können auf der Vorderachse ein zweites Sperrdifferential haben. Da damit aber die Lenkfähigkeit deutlich beeinträchtigt wird und der Effekt nur äußerst selten genutzt werden kann, erscheint die Kosten-Nutzen-Rechnung ungünstig.

Noch ein Wort zum Getriebe. Bei Schaltgetrieben sind heute fünf Vorwärtsgänge und ein Rückwärtsgang sowie eine Übersetzungsmöglichkeit um die Hälfte (Geländeübersetzung) Standard. Bei Automatikgetrieben sind es vier Vorwärtsgänge, da man sich dank des Drehmomentwandlers den ersten Gang sparen kann. Zu beachten ist bei Automatikgetrieben allerdings, daß bei Geländesteilfahrten kein Bremseffekt durch Getriebeuntersetzung wie beim Schaltgetriebe möglich ist. Daher empfiehlt es sich, während einer Talfahrt einen niedrigeren Gang am Wählhebel einzulegen.

Bereich Fahrwerk

Bei Geländefahrzeugen werden grundsätzlich zwei Arten der Achskonstruktion angeboten: Starrachsen und Einzelradaufhängung. Für beide Arten gibt es technisch mehrere Lösungen.

Die Starrachsen bieten hauptsächlich den Vorteil hoher Stabilität und Einfachheit. Dabei ist das rechte Rad mit dem linken durch ein Achsrohr starr verbunden. Der Nachteil ist, daß sich das linke Rad nicht unabhängig vom rechten Rad bewegen kann. Für den Fall, daß z.B. das rechte Rad einfedert, sich also der Sturz des Rades von null (senkrecht) in eine beliebige Richtung ändert, bedeutet das, daß sich automatisch auch der Sturz des gegenüberliegenden Rads verändert, was nicht unbedingt von Vorteil ist. Gravierend wirkt sich dieses Verhalten vor allem im Bereich der Vorderachse aus, weil damit die Lenkfähigkeit des Fahrzeugs beeinträchtigt wird. Meistens wird von den Konstrukteuren daher die Starrachse als Hinterachse eingesetzt.

Anders bei der Einzelradaufhängung. Hier federt das linke Rad unabhängig vom rechten ein und kann Unebenheiten, Bodenwellen oder Geröll besser ausgleichen. Die Einzelradaufhängung hat vor allem auch den großen Vorteil, daß man konstruktiv wesentlich leichter eine größere Bodenfreiheit erreichen kann.

Es gibt zwar auch spezielle Starrachsen, bei denen das Rad über Planetengetriebe oberhalb des Achsenniveaus angeordnet werden kann. Bei einer normalen Starrachse aber ist in der Regel das Differential der tiefste Punkt des Fahrzeugs.

Hat das Fahrzeug hingegen eine Einzelradaufhängung, braucht man zwar auch ein Differential, jedoch kann dieses sehr viel höher liegen, da die Halbwellen vom Differential aus einen Winkel nach unten zum Rad haben. Somit wird wesentlich mehr Bodenfreiheit erreicht. Das wiederum ist speziell an den gelenkten Vorderrädern wichtig.

Im Bereich der Achskonstruktionen ist jedoch nicht nur zu überlegen, wie in den unterschiedlichen Lösungen die Achsen geführt, sondern auch wie diese Achsen gefedert werden. Bei den Starrachsen gibt es dazu zwei Möglichkeiten: Einerseits ist es die Variante der Blattfederung, die den Vorteil hoher Robustheit hat und die Achsen außerdem auch seitlich führt. Ihr Nachteil ist der große Platzbedarf und der Umstand, daß man die Federungscharakteristik nicht so variabel gestalten kann, wie bei der zweiten Variante, der Schraubenfederung. In diesem Fall werden die Achsen über Längslenker oder Zugstreben geführt und über eine Spiralfeder abgefedert. Diese kann so progressiv gestaltet werden daß der erste Teil des Federweges weich wird, was auf der Straße entsprechend komfortabel ist. Im Gelände, wenn die Federn stärker beansprucht werden, verhärtet sich die Spiralfeder mit zunehmendem Einfederweg. Das verhindert starkes Schaukeln der Karosserie, was nicht nur eine Frage der Bequemlichkeit, sondern auch der Sicherheit ist. Denn ein schaukelndes Fahrzeug verliert in Aktion eher den Bodenkontakt und damit Traktion. Auch das Gefühl für die Reaktion des Fahrzeugs und, je nach Situation, auch die Kippstabilität sind beeinträchtigt.

Eine durch Längslenker und Zugstreben geführte Achse benötigt allerdings noch eine Seitenführung, was meistens über einen sogenannten Panhardstab erfolgt. Das ist ein Rohr, das auf einer Seite mit der Achse und auf der anderen Seite mit der Karosserie in Verbindung steht und damit die Achse seitlich führt. Eine zusätzliche Variante der Federung für Einzelradaufhängung ist die Drehstabfeder. Drehstabfedern sind (zumeist) runde Vollprofilrohre aus Federstahl oder Legierungen. Diese sind auf der einen Seite in den unteren Dreieckslenkern gelagert und auf der anderen Seite über Vielnutverzahnungen an der Karosserie beziehungsweise dem Chassis befestigt. Ein Abfedern des Fahrwerks findet durch Torsion statt – daher heißt diese Konstruktion auch Torsionsfederung.

Für den reinen Geländegebrauch können alle diese Systeme so abgestimmt werden, daß sie den Anforderungen voll entsprechen. Es tritt dann nur die Frage auf, wie weit das

Fahrzeug auch noch für den Straßengebrauch geeignet ist. Den besten Kompromiß zwischen Straße und Gelände bekommt man heute mit der Verwendung von Schraubenfedern beziehungsweise Drehstäben in Verbindung mit einer Einzelradaufhängung vorne und einer Starrachse mit Schrauben- oder Blattfederung hinten.

Bereich Bremsen

Grundsätzlich werden heute Scheiben- oder Trommelbremsen verwendet. Beim Fahren im Gelände gibt es zwischen diesen Systemen keine Leistungsunterschiede. Allerdings ist bei den heutigen Fahrleistungen eines Geländewagens auf der Straße – wie auch beim PKW – ein Trend zur Scheibenbremse festzustellen.

ABS verhindert das Blockieren der Räder beim Bremsen. Damit bleibt das Fahrzeug immer lenkbar. Entgegen der allgemeinen Meinung verringert sich der Bremsweg dadurch meist nicht. Im Geländefahrzeug funktioniert es bei Zweiradantrieb wie im PKW. Damit es auch bei Vierradantrieb effizient arbeitet, bedarf es zusätzlicher Steuereinrichtungen.

Im Allradbetrieb kann es allerdings vorkommen, daß man das ABS unabsichtlich überlistet – beispielsweise durch eine Vollbremsung auf losem Untergrund. Dabei blockieren aufgrund der Verbindung durch den Antriebsstrang im ersten Moment trotz ABS alle vier Räder. In dieser Situation wird dem Steuergerät das Drehzahlsignal »Null« »gemeldet«, die Technik interpretiert, daß das Fahrzeug steht, und das ABS wird nicht aktiviert. Um solche Fehlreaktionen zu vermeiden, gibt es jetzt die Möglichkeit, mit Hilfe der festgestellten Verzögerung das ABS zu aktivieren.

Bei den meisten Herstellern ist daher das ABS nur im Zweiradbetrieb in Funktion und wird bei Einlegen des Allradantriebes automatisch abgeschaltet. Nur einige wenige Marken bieten das sogenannte »Multi-Mode-ABS« für alle Fahrzustände an.

Bezüglich der Vor- und Nachteile von ABS für das Fahren im Gelände ist auch noch der Aspekt der Routine zu berücksichtigen. Für den noch weniger erfahrenen Geländefahrer bringt es in der Hauptsache Vorteile. Hingegen kann ein Fahrzeug in wirklich extremen Situationen von einem Profi ohne ABS früher zum Stehen gebracht werden. Und zwar in Situationen, in den sich beispielsweise im Verlauf des Bremsens ein Keil aus losem Untergrund vor den Reifen bildet und das Fahrzeug zusätzlich abbremst. Bei ABS würde in diesem Fall die Bremskraft reduziert. Das kommt aber nur dann zum Tragen, wenn es ausschließlich um die Länge des Bremsweges und nicht auch um die Lenkbarkeit des Fahrzeugs geht – und derartige Situationen sind in der Geländepraxis äußerst selten.

Stand der Technik

Am Beispiel des Pajeros von Mitsubishi – des Marktführers im deutschsprachigen Raum – sei hier der Stand der Technik demonstriert. Er bringt als nahezu einziges Fahrzeug praktisch alle der besprochenen Toplösungen, technischen Features und Highlights in einem Modell.

Es gibt ihn in unterschiedlichen Ausstattungs- und Modellvarianten. In der Folge sollen seine Features in der Reihenfolge der bisher besprochenen Beurteilungsbereiche dargestellt werden.

Bereich Karosserie

Markante Eigenständigkeit, Sportlichkeit und Robustheit prägt die Karosserie der Pajero-Modelle. Unverkennbar die dreitürige Metalltop-Version, der Canvas-Top (Cabrio) sowie die Wagon-Ausführung mit langem Radstand und fünf Türen. Die leichte Keilform sorgt für den erfreulich niedrigen Luftwiderstandsbeiwert von 0,48 cW. Auffallend sind auch die extrem kurzen Karosserieüberhänge vorne und hinten. Langer Radstand und breite Spur bieten erheblichen Platz im Innenraum aller Karosserievarianten. Eingelassene Scheiben schlagen den Windgeräuschen ein Schnippchen, die Türen liegen satt im Rahmen. Mehr als aufwendig die Geräuschisolierung. Solide und einfach in der Betätigung das Faltdach des Pajero-Canvas-Top. Der vordere Teil kann elektrisch betätigt werden, den hinteren Teil bildet ein problemloses Klappverdeck mit stabilem Überrollbügel.

Die Belastbarkeit der Rahmenkonstruktion aller Pajero-Konstruktionen liegt im absoluten Spitzenfeld. In den Türen befindet sich als weiterer Sicherheitsfaktor ein massiver Flankenschutz.

Im dreitürigen Pajero-Metalltop gibt es viel Platz und Komfort auch für fünf Personen. Das gilt vorne genauso wie im Fond. Auch der Einstieg nach hinten ist bequem und problemlos. Die Sitze sind körpergerecht ausgeformt und sorgen für entspanntes und ermüdungsfreies Fahren. »Seat-Memory« ist für die vorderen Sitze serienmäßig; die geteilt umklappbaren Rücksitzlehnen erlauben viele unterschiedliche Sitzpositionen.

Skizze 1

Sitzpositionen (Metall Top)

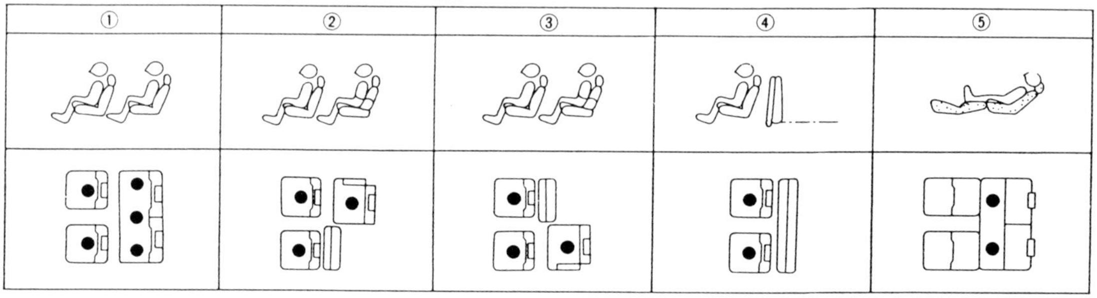

Sitzpositionen (Wagon)

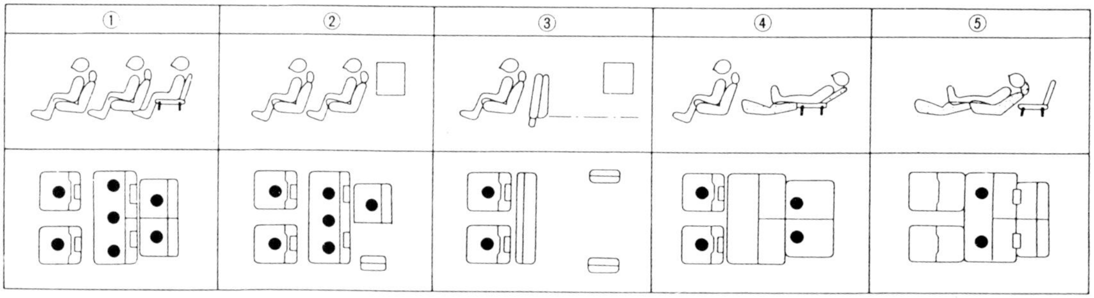

An Ausstattung bietet z. B. das Modell Pajero GLS serienmäßig: Zentralverriegelung, elektrische Fensterheber, Scheinwerfer-Niveauregulierung, variable Stoßdämpfer, Kotflügelverbreiterungen, Breitreifen, Leichtmetallfelgen, Multi-Mode-ABS, 100% Differential-Sperre, Tempomat, beheizbare Vordersitze, Hubdach, Neigungsmesser, Höhenmesser, Innen-/Außenthermometer und die Besonderheit eines elektronischen Kompasses. Die Nord/Süd-Elemente und die Ost/West-Elemente werden dabei mit Hilfe eines Erdmagnetismussensors festgestellt. Die über einen Mikrocomputer erfaßte Fahrtrichtung wird in 16 Abschnitten angezeigt.

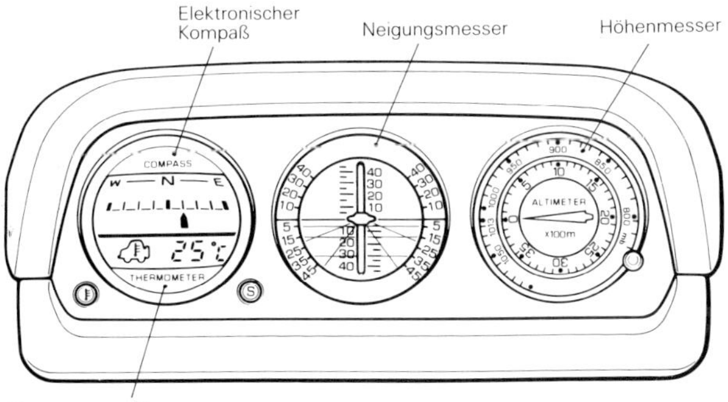

Skizze 2

Bei der Gestaltung des Armaturenbrettes wurde Wert darauf gelegt, daß alle Instrumente voll im Blickfeld liegen und die Bedienungselemente gut greifbar sind.

Bereich Motor

Für die Pajero-Generation ab 1991 werden folgende Motoren angeboten:

Der 3,0 l V6 ECi-Motor: 2972 ccm Hubraum, 110 kW/150 PS bei 5000 U/min. Max. Drehmoment 236 Nm bei 4000 U/min. der 2,5 l Diesel mit Turbolader und Ladeluftkühler: 2476 ccm Hubraum, 73 kW/100 PS bei 4200 U/min. Max. Drehmoment 240 Nm bei 2000 U /min.

Beim Diesel-Modell berücksichtigt dann der im Gelände notwendige Ladeluftkühler die speziellen Erfordernisse des Geländefahrens. Dieser Ladeluftkühler, der bei anderen Fahrzeugen im Luftstrom vorne sitzt und die Ladeluft geschwindigkeitsunabhängig kühlt, liegt beim Pajero flach hinter der Motorhaube. Die Luft wird dabei durch ein spezielles Ansaugsystem geführt. Ist die Fahrgeschwindigkeit zu gering, nämlich unter 60 km/h, und steigt die Ladelufttemperatur über 60° Grad C, dann wird hier ein eigener Ventilator aktiviert, um ausreichend Luft durch den Ladeluftkühler zu saugen und damit das große Drehmoment auch bei den niedrigen Geschwindigkeiten erhalten zu können.

Bereich Kraftübertragung

In diesem Bereich wird das sogenannte »Super Select 4WD« angeboten, ein intelligentes Vierradantriebssystem, das allen erdenklichen Straßen-, Gelände-. Geschwindigkeits- und Komfortansprüchen gerecht wird.

Verbesserte Fahrsteuerung: Durch die Verwendung eines Freilaufmechanismus für das Umschaltgerät in der Vorderachse und einen 2WD/4WD-Umschaltmechanismus

4WD-Kontrollleuchten

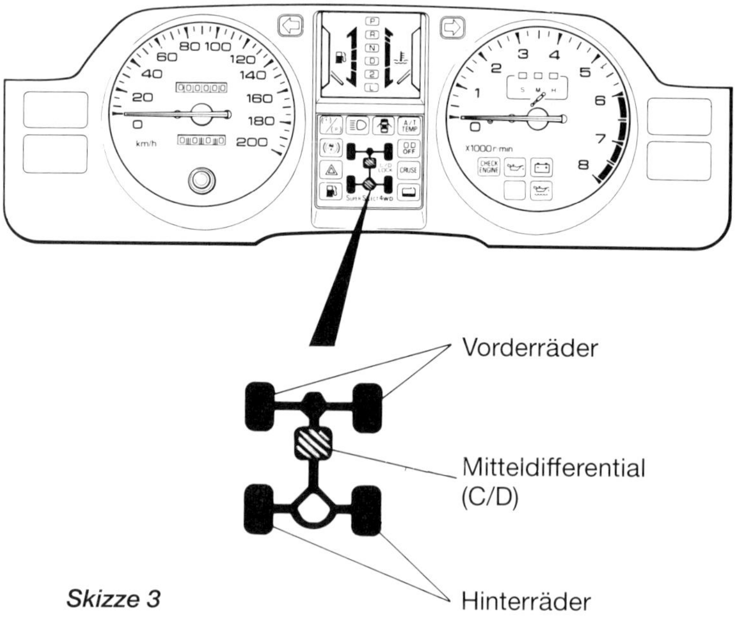

Skizze 3

mit Synchronvorrichtung im Verteilergetriebe ist eine Wahl des 2WD oder 4WD auch während der Fahrt möglich.

Das Fahrzeug bietet eine einfache Wahl des geeigneten Antriebsmodus für verschiedene Bedingungen: Ein einziger Hebel gestattet die Wahl des 2WD (Heckantrieb), permanenter 4WD, direkt gekoppelten 4 WD und direkt gekoppelter Langsamgang-4WD-Modus.

Eine visuelle Erkennung des Systembetriebes, die 4WD-Anzeige auf der Instrumententafel, stellt sicher, daß der Fahrer über den derzeitigen Betriebsstatus des Systems Bescheid weiß.

Die Vorderrad- und Hinterradkontrollampen leuchten auf, wenn diese Räder angetrieben werden, und die Kontrollampe für das mittlere Differential leuchtet in Sperrposition oder blinkt während des Umschaltens (siehe Skizze 4).

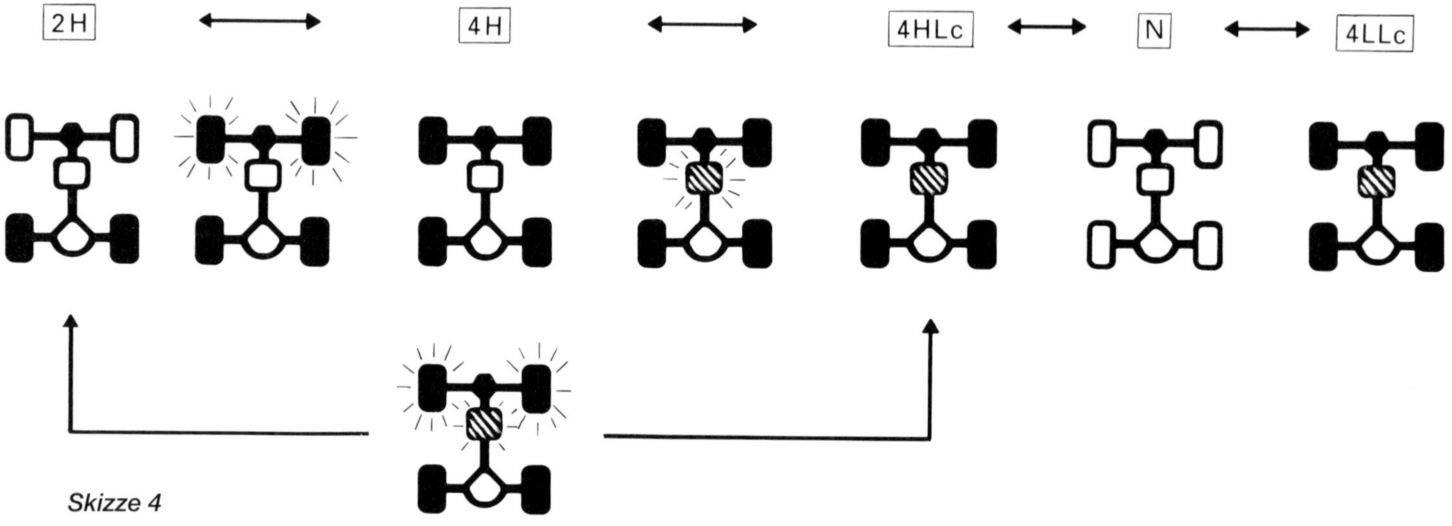

Skizze 4

Das Hinterachsdifferential sperrt beim festgefahrenen Fahrzeug die Hinterachse je nach Modell automatisch mittels einer Lamellensperre (ca. 70 %, GLX-Modell) oder manuell (100 %, GLS-Modell). In letzterem Falle verriegelt die Sperre nur im Bereich bis 12 km/h und wird durch das Wegschalten des Mitteldifferentials (4WD) oder der Sperre selbst wieder entriegelt.

Das Fünfganggetriebe garantiert rasches und exaktes Schalten in jeder Fahrsituation. Auf Wunsch steht für das V6-Programm eine Viergangautomatik zur Auswahl.

Bereich Fahrwerk

Die auf harten Paris-Dakar-Einsätzen bewährte Fahrwerkskonstruktion sorgt für optimales Fahrverhalten im Gelände sowie auf der Straße.

- Vorderradaufhängung: Einzelradaufhängung, 2 übereinanderliegende Querlenker, Drehstabfedern mit Querstabilisator. (siehe Skizze 5)
- Hinterradaufhängung: Starrachse, 3-Punkt-Aufhängung, Längslenker, Schraubenfedern, Panhardstab. (siehe Skizze 6)

Die variable Stoßdämpferabstimmung stellt auf Knopfdruck drei Dämpfungsvarianten zur Auswahl:
- »weich«: auch im Gelände so komfortabel wie ein PKW
- »mittel«: genau richtig für zügiges Fahren auf Feldwegen und Schotterstraßen;
- »hart«: optimale Abstimmung für schnelle Kurven auf der Straße.

Vorderradaufhängung
- Erhöhter Radhub mit einer Kombination aus zuverlässiger Einzelradaufhängung mit Doppel-Dreiecksquerlenker und Torsionsstabfedern
- Variable Stoßdämpfer mit drei Einstellmodi H (Sport), M (Normal) und S (Komfort), die mit Hilfe eines Schalters auch während der Fahrt angewählt werden können
- Optimale Federkonstante und Stoßdämpfer-Dämpfungskraft
- Spreizung modifiziert für den ABS-Einbau

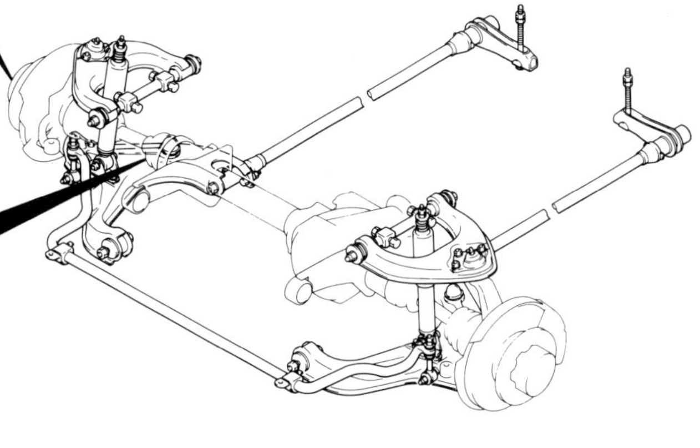

Vorderachse
- Antriebswelle des DOJ-BJ-Typs mit hoher Übertragungseffizienz und niedrigen Vibrationen und Geräuschen
- Synchronisiertes Differential für verbesserte Kraftstoff- und Fahreffizienz im Zweirad-Betrieb
- Super-Select für Allradantrieb, um alle Vorteile des Allradantriebs nutzen zu können und hohes Fahrvergnügen in jedem Fahrmodus zu bieten

Skizze 5

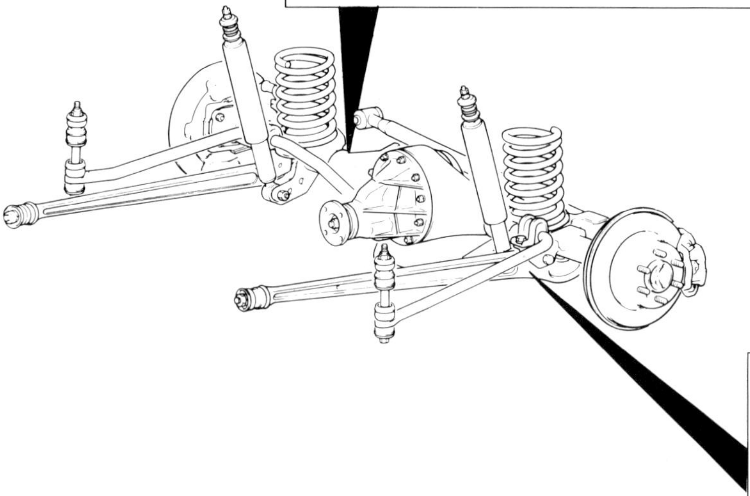

Skizze 6

Bereich Bremsen

Das Herzstück der Bremsanlage ist das neu entwickelte »Multi-Mode-ABS« (4 Sensor 3/2-Kanal). Das »denkende« Antiblockiersystem stellt mit Hilfe eines Drehzahlsensors die Schwankungen der Drehzahl der einzelnen Räder fest und steuert automatisch den Bremsflüssigkeitsdruck, um ein Rutschen durch blockierende Räder bei plötzlichem Bremsen auf glatter Fahrbahn zu verhindern. Ein »Multi-Mode-System« mit unabhängigem Vorderrad- und Hinterradmodus wird verwendet. Bei allen Pajero-Modellen sind vorne und hinten Scheibenbremsen Standard; die vorderen sind innenbelüftet.

Bereifung

Hinsichtlich der Bereifung eines Geländewagens stellt sich heute in erster Linie die Frage, welche Vorteile reine Geländereifen gegenüber guten Allround-Reifen bringen, oder anders gefragt, wie notwendig spezielle Geländereifen überhaupt für das Fahren im Gelände sind.

Für das Fahren ausschließlich im Gelände ist ein spezieller Geländereifen sicher notwendig und zielführend. Wenn ein Fahrer den Großteil seiner Streckenleistung im Gelände erbringt, dann benötigt er einen speziellen Geländereifen, der aber auch noch ein Mindestmaß an Straßenfahreigenschaften besitzen muß. Ist jedoch das Verhältnis umgekehrt, was in den meisten Fällen die Norm sein wird, dann wird die Gewichtung der Fahreigenschaften des Reifens sicher anders aussehen; d.h. die reine Geländeeignung wird eher in den Hintergrund treten. Bei Bedarf kann dann beim Fahren im Gelände die Leistungsfähigkeit des Reifens mit einigen Techniken aus dem Bereich des Kapitels »Hilfstechniken zum Fahren im Gelände« wesentlich erhöht werden. Damit wird man in der Praxis fast alle Situationen meistern können.

In den meisten Fällen wird ein Kompromiß zwischen Straßen- und Geländeeigenschaften gefunden werden müssen, je nach persönlicher Neigung oder gegebenen Verhältnissen mit unterschiedlicher Gewichtung. Als ein mögliches Beispiel für einen guten Kompromiß sei hier der »All-Terrain« von Goodrich genannt. Er bietet im Gelände besonders mit etwas vermindertem Luftdruck ausgezeichnete Traktion und damit Sicherheit. Auf der Straße ist er relativ leise und weist die Eigenschaften eines Gürtelreifens auf.

Im Gegensatz dazu ist z. B. der »Match-Terrain« im Gelände besonders bei nassem Gras, Matsch und auf weichem Untergrund zwar leistungsfähiger, dafür ist er auf der Straße lauter und zeigt besonders bei Straßennässe Schwächen.

Für jeweils besondere Zwecke – beispielsweise Geländesport oder Expeditionen – wird auch die Auswahl des Geländereifens der ganz speziellen Art der Anforderung noch angepaßt werden müssen, um für den jeweiligen Zweck optimale Leistungen zu erbringen. Der Markt bietet Spezialreifen für fast jeden Einsatz. Schwächen in anderen Bereichen müssen dabei in Kauf genommen und die dadurch entstehenden Risiken durch andere Maßnahmen (z. B. durch besondere Fahrtechniken) minimiert werden. Die gesetzlich vorgeschriebenen Einschränkungen bei der Fahrzeugbereifung sind in jedem Fall den jeweiligen Fahrzeugpapieren zu entnehmen.

Zur Frage, ob schmale oder breite Reifen vorzuziehen sind, ist zu sagen, daß der breite Reifen natürlich gut aussieht und sicherlich beim Bremsen auf trockener Straße und beim Fahren schneller Kurven Vorteile bietet. Weitere Stärken sind sein Verhalten in sumpfigem Gelände, Schlamm oder Sand. Nachteilig allerdings wirkt sich die breitere Auflagefläche des Reifens bei Aquaplaning und bei bestimmten Schneeverhältnissen aus, und zwar dann, wenn der Schnee nicht bindet, der breite Reifen aber nicht bis zum festen Untergrund durchdringt.

Damit sind im Umkehrschluß auch schon die Vor- und Nachteile des schmäleren Reifens dargelegt. Er hat immer dort die Nase vorn, wo höherer Bodendruck und geringerer Rollwiderstand Vorteile bringen.

In der Praxis wird auch hier, wie schon

beim Reifentyp, ein Kompromiß mit tendenziell unterschiedlicher Gewichtung die gängigste Lösung sein.

Zusatzausrüstung

Auch der ab Werk schon bestens ausgerüstete Geländewagen braucht für den Einsatz im Gelände noch einiges an Zusatzausrüstung, die je nach Modellausstattung allerdings sehr unterschiedlich sein wird. Dabei kann man vom Gesichtspunkt der reinen Gebrauchstauglichkeit eine Einteilung in

- notwendige
- nützliche und
- unnötige

Ausrüstungsteile treffen.

Notwendige Zusatzausrüstung kann zum Beispiel ein guter, robuster und leistungsfähiger Wagenheber sein. Vor allem dann, wenn das dem Fahrzeug ursprünglich beigegebene Modell diesen Anforderungen nicht oder nicht ausreichend entspricht.

Für Fahrzeuge, die ab Werk nicht mit einem Sperrdifferential ausgerüstet sind, bedeutet diese Nachrüstung eine wesentliche Steigerung der Leistungsfähigkeit und damit auch der Sicherheit beim Fahren im schweren Gelände. Dabei wird in 99 von 100 Fällen eine Sperre an der Hinterachse völlig ausreichen. Bodenschutzbleche oder Ähnliches zum Schutz der Fahrzeugunterseite sind bei härteren Geländefahrten ebenfalls dringend anzuraten.

Wer einen Anhänger ziehen muß oder will, für den ist auch eine Anhängerkupplung eine Notwendigkeit. Der Nachteil, daß beim Fahren im Gelände ohne Anhänger diese Kupplung den Überhang des Wagens nach hinten vergrößert und somit die Gefahr des Hängenbleibens oder der Beschädigung erhöht wird, muß dann allerdings in Kauf genommen werden.

Eine weitere Notwendigkeit ist auch die Erweiterung des dem Fahrzeug beigegebenen Werkzeugsatzes. Dabei wird es sich neben einem starken Hammer und einem kräftigen Montiereisen hauptsächlich um für den jeweiligen Fahrzeugtyp benötigtes Spezialwerkzeug handeln, wie zum Beispiel speziell geformte Schraubenschlüssel oder -zieher, Haltezangen oder Ähnliches. Ein Reparaturhandbuch oder jede gute Reparaturwerkstatt können da wichtige Hinweise geben. Zwar nicht essentiell notwendig, aber äußerst nützlich ist in sehr vielen Situationen eine Seilwinde. Sei es, um sich selbst, wie einst Münchhausen, aus dem Sumpf zu ziehen oder anderen dabei zu helfen. Dabei ist es hauptsächlich eine Frage der persönlichen Vorliebe (und des Geldes), ob man sich für ein fest an den Wagen montiertes oder ein auch extern verwendbares Modell entscheidet.

Der Fachhandel bietet eine ganze Palette von Modellen unterschiedlicher Leistung, Antriebsart, Mobilität und Größe an. Als Mindestausstattung sollte jedoch ein manuell zu betreibender Hubzug in keinem Geländefahrzeug fehlen. Dazu gehörendes Seil- und Rollenmaterial in ausreichender Menge und abgestimmter Leistungsfähigkeit ergänzt die Seilwinde erst zu einem effizienten Hilfsmittel (siehe Kapitel »Das Bergen«). Bei häufigerem und extremem Geländeeinsatz besonders weit abseits jeglicher Zivilisation empfiehlt sich auch die Anschaffung eines kleineren Schweißgerätes – sofern man damit umgehen kann. Bei eventuellen Reparaturarbeiten erweitert es die eigenen Möglichkeiten wesentlich. Entsprechendes Fachwissen ist allerdings Voraussetzung dazu.

Sehr nützlich erscheint auch die Anbringung eines stabilen Frontschutzbügels. Beim Zusammenstoß mit Tieren, kleineren Bäumen oder anderen Hindernissen kann damit ernsthafter Schaden verhindert oder zumindest begrenzt werden. Große Rückspiegel sind nicht nur im Betrieb mit Anhänger, sondern auch bei heiklen Passagen im Gelände nützlich und daher, trotz erhöhtem Luftwiderstand auf der Straße, sinnvoll.

Auch ein Satz kräftiger Schneeketten, am besten für alle vier Räder, sollte als Traktionshilfe im Gelände, unabhängig von der Jahreszeit, bei keiner Geländefahrt fehlen. Zusatzausrüstung wie Sandbleche oder Erdanker werden allerdings nur bei speziellen Unternehmungen ihren Platz im Auto finden.

Dagegen sind Hilfen wie Autokompaß, Neigungswinkelmesser, Außenthermometer, Leselampe, Kartenhalter oder Brillen- und Schreibgerätehalter immer willkommen – vorausgesetzt, die Qualität entspricht einem Standard, der die Funktion auch unter extremen Bedingungen sicherstellt.

Und ein Schwebesitz, der Stöße und Vibrationen absorbiert und so von Wirbelsäule und Gelenken fernhält, ist für häufiges Geländefahren auf lange Sicht schon fast wieder ein Muß.

Unnötig sind alle jene Ausrüstungsteile, die nur die Optik des Fahrzeuges verbessern. Prinzipiell ist gegen ein Verschönern des Autos nichts einzuwenden. Grenzen werden da nur durch den persönlichen Geschmack und die Geldmittel gesetzt. Bedenklich wird ein »Aufmotzen« nur dann, wenn der Gewinn an Optik auf Kosten der Geländetauglichkeit geht.

So ist zum Beispiel zu bedenken, daß Kotflügelverbreiterungen bei engen Durchfahrten nicht nur beschädigt werden, sondern überhaupt ein Durchkommen unmöglich machen können. Oder daß die beliebten seitlichen Trittbretter oder Rammschutzrohre die Bodenfreiheit des Fahrzeuges deutlich verringern und somit ein früheres Aufsitzen mit allen möglichen Folgen geradezu provozieren. Zusatzscheinwerfern oder Rückstrahlern, welche die Überhänge des Fahrzeuges vergrößern, wird mit Sicherheit kein langes Leben beschieden sein.

Es wird also immer vom Einsatzzweck abhängig sein, ob das eine oder das andere den Kauf beziehungsweise die Montage wert ist oder nicht.

Tips und Tricks

Auch das beste Auto hat neben seinen Stärken auch gewisse Schwachpunkte. Im Alltagsbetrieb und bei normaler Belastung treten letztere aber, bei hoffentlich regelmäßiger Nutzung, kaum zu Tage. Anders ist das allerdings bei häufiger und starker Belastung – auf jeden Fall aber beim Fahren im Gelände. Stöße, Vibrationen, Schaukeln, Bodenkontakte, Schmutz und Witterung fordern ihren

Tribut. Fehlt dabei dann das nötige Quentchen Aufmerksamkeit, können durchaus vermeidbare Schäden zu unerwünschten, unerquicklichen und manchmal sogar bedrohlichen Zwangsaufenthalten in der Wildnis führen.

Der erste Schritt, um Pannen zu vermeiden, ist herauszufinden, welches die besonderen Schwachpunkte des eigenen Fahrzeugs sind. Gespräche mit Fachwerkstätten, ehrlichen Autoverkäufern, anderen Besitzern des gleichen Wagentyps und eigene Erfahrungen werden Ihnen dabei helfen. Stellen Sie sich am besten eine Liste all dieser Schwachpunkte auf. Bei größeren Unternehmungen wird es Ihnen dann viel einfacher möglich sein, gezielt bestimmte Ersatzteile oder Werkzeuge für diese Bereiche mitzuführen. Bei der hohen Belastung des Fahrzeuges während Geländefahrten werden aber auch die soliden Bereiche des Fahrzeuges stark gefordert. Und da Vorbeugen besser ist als Heilen, ist im Gelände ein täglicher »Check« sehr empfehlenswert. Dazu gehört nicht nur das Überprüfen der Flüssigkeitsstände (Wasser, Öl, Bremse), sondern auch das Überprüfen und eventuelle Nachziehen wichtiger Schrauben an Karosserie, Fahrwerk, Rädern und Motor (z. B. Aufhängung, Zylinderkopf) und die Überprüfung der Reifen. Am besten ist es, sich dazu eine Checkliste zu erstellen. Diese wird je nach Autotyp und Art der Unternehmung von Fall zu Fall unterschiedlich ausfallen und ist daher vor jeder Aktivität den Gegebenheiten anzupassen.

Noch ein Wort zum Nachziehen der Schrauben: Dichtungen gehen besonders dort kaputt, wo die abzudichtenden Teile nicht mehr fest genug miteinander verbunden sind. Überprüft man zum Beispiel alle 1000 bis 2000 Geländekilometer Zylinderkopf und Ölwanne und zieht diese bei Bedarf fest (mangelndes Gefühl kann dabei durch einen Drehmomentschlüssel ersetzt werden), erspart man sich nicht nur im Extremfall schwere Schäden, sondern auch Dichtungsmaterial.

Beim Überprüfen der Reifen ist es wichtig, sich nicht nur auf Beschädigungen oder Fremdkörper im Bereich der Lauffläche und der äußeren Flanke zu beschränken, sondern auch die Innenseite in den Check mit einzuschließen. Das ist an sich zwar logisch, wird aber häufig übersehen.

Natürlich kann auch die beste Wartung und Pflege nicht immer Reparaturen verhindern. Wenn ein Auto wirklich einmal seinen Geist aufgibt – sollte der Fahrer nicht dasselbe tun! Sich nicht wie wild auf irgend ein Teil zu stürzen, sondern überlegt und systematisch auf Fehlersuche zu gehen, zahlt sich aus. Verweigert zum Beispiel der Motor seinen Dienst, dann ist es nicht sehr sinnvoll, sofort die Benzinpumpe zu zerlegen, nur um später herauszufinden, daß der Fehler im Zündsystem gelegen hat. Und es erscheint genauso wenig sinnvoll, sich sofort auf den Zündverteiler zu stürzen, nur um nach zeitraubenden Versuchen festzustellen, daß der Treibstofftank leer ist. Das mag überspitzt klingen, ist aber alles schon vorgekommen. Manches, was zu Hause in der warmen Stube logisch und selbstverständlich ist, ist bei eisiger Kälte oder glühender Hitze unter starker psychischer Belastung rasch vergessen. Gerade in solchen Situationen ist es daher besonders wichtig, sich zur Ruhe zu zwingen und analytisch zu denken.

Ausnahmen mögen da vielleicht Störungen sein, die aufgrund typischer Erscheinungsbilder (Anzeigeninstrumente, Geräusche, Fahrverhalten) sofort und eindeutig zuzuordnen sind wie beispielsweise Beschädigungen am Kühler, Reißen des Keilriemens, Reifenrisse oder Ähnlichem.

Apropos Keilriemen: Sicherlich ist Ihnen bekannt, daß bei Fehlen eines Ersatzteilkeilriemens dieser auch durch Behelfe – zeitlich begrenzt – ersetzt werden kann. Schnüre, Bänder, Riemen, Damenstrumpfhosen und dergleichen können dazu verwendet werden. Weniger bekannt ist vielleicht, daß man solche Behelfe in der Verwendung mit möglichst klebrigen Flüssigkeiten, wie zum Beispiel Coca Cola, durchtränken sollte. Sie halten damit deutlich besser an den Keilriemenscheiben und arbeiten somit auch wesentlich effizienter als ohne.

Zu einer systematischen Fehlersuche braucht man auf jeden Fall ein gewisses Mindestmaß an Kenntnis der Autotechnik. Am einfachsten kann man sich diese aneignen, wenn man nach gründlichem Studium nicht nur der Betriebsanleitung, sondern auch eines entsprechenden Reparaturhandbuches mit einem befreundeten Mechaniker oder einem erfahrenen Laien mögliche Reparaturen praktisch am Fahrzeug durchgeht. Ideal wäre es, in einer Fachwerkstatt bei kleineren (oder auch größeren) Reparaturen zusehen oder – besser – unter Anleitung selbst Hand anlegen zu können. Das wird zwar nicht immer möglich sein; vor größeren Unternehmungen ist es aber dringend anzuraten. Über Wissenslücken helfen in der rauhen Wirklichkeit dann Reparaturhandbücher sehr gut hinweg. Bei einigem Basiswissen ist es meist möglich, anhand der anschaulichen Schnittbilder und Explosionszeichnungen das aufgetretene Problem zu lösen, solange entsprechendes Werkzeug und gegebenenfalls Ersatzteile vorhanden sind. Bei der Durchführung einer Reparatur in der freien Natur empfiehlt sich die Einhaltung folgender Hinweise:

- Wenden Sie keine Brachialgewalt an. Überlegung und Geduld bringen auf lange Sicht sichereren Erfolg ohne die Gefahr, im Zuge der Reparatur den eingetretenen Schaden noch zu vergrößern.
- Legen Sie die demontierten Ersatzteile in der entsprechenden Reihenfolge auf eine schmutzfreie Unterlage, wie zum Beispiel Decke, Blechteil oder Reserverad. Das Zusammensetzen wird dann wesentlich leichter fallen, und es kann kein Kleinteil verlorengehen.
- Reinigen Sie die einzelnen Teile und achten Sie darauf, daß diese nicht schlammig oder sandig werden.
- Behalten Sie auf jeden Fall die Nerven – auch wenn das manchmal sehr schwerfällt.

Planung und Vorbereitung

Grundregeln

Etwas verallgemeinernd könnte man sagen, daß Planung die genaue Auseinandersetzung mit den eigenen Absichten und den Details eines Vorhabens ist, während die Vorbereitung als die praktische Umsetzung der Planung anzusehen ist. Dabei sollte man nicht glauben, daß für eine nur kurze Off-Road-Tour keine Planung notwendig wäre. Allerdings stimmt es schon, daß je länger und schwieriger die geplanten Touren sind, um so gründlicher, präziser und aufwendiger dementsprechend die Planung wird. Notwendig ist eine gut überlegte Planung also auf jeden Fall. Allerdings bleibt auch bei gründlicher und präziser Planung immer wieder genug Raum für unerwartete Herausforderungen und Improvisationen, die nicht zuletzt den besonderen Reiz eines Abenteuers abseits der ausgefahrenen Wege ausmachen. Auch die beste und sorgfältigste Planung kann unvorhergesehene Schwierigkeiten nicht ausschließen; sie kann nur deren manchmal unangenehme Folgen abschwächen. Bevor es an die Details geht, sind einige ganz allgemeine, aber grundsätzlich wichtige Regeln anzusprechen:

1. Fahren Sie nie allein, denn es könnte schon eine Kleinigkeit dazu führen, daß Sie nicht mehr in der Lage sind, die auftretenden Schwierigkeiten zu meistern – was im Extremfall sogar tödlich sein kann. Nehmen Sie daher immer einen möglichst erfahrenen Begleiter mit.
2. Es sollte besonders bei längeren, schwierigen Off-Road-Unternehmungen auch niemals ein Fahrzeug allein fahren. Mindestens zwei Fahrzeuge – das ist die unterste Grenze. Im Idealfall wären das dann zwei Fahrzeuge des gleichen Typs (rationalisiert beispielsweise auch Reparatur-Aufwendungen). Dann könnte bei mechanischen Defekten oder auch bei Ausfall beider Fahrzeuge im Extremfall zumindestens ein fahrbarer Wagen zusammengebaut werden – nach dem Motto »aus zwei mach eins«.

3. Informieren Sie vor Antritt der Fahrt Ihre Angehörigen über Ihre geplanten Aktivitäten, und zwar im Detail. Wann Sie wohin aufbrechen, was Sie dort tun wollen, wann Sie wieder zurück sein wollen und alle übrigen Details, damit – für den Fall, daß das Unternehmen nicht reibungslos verläuft und Sie Hilfe brauchen - jemand da ist, der diese Hilfeleistung auch auslöst und gleich in die richtigen Bahnen lenkt. Dazu bestätigen Sie bei längeren Unternehmungen zumindest einmal wöchentlich die zurückgelegte Strecke nach Hause. Benutzen Sie unterwegs nur die offiziellen Grenzübergänge und befolgen Sie die Meldebestimmungen der örtlichen Behörden genau. Nur so läßt sich mit Sicherheit feststellen, auf welchem Streckenabschnitt Sie sich gerade befinden. Und nur so kann auch sofort und gezielt nach Ihnen gesucht werden, wenn Sie – sei es wegen Verlustes der Orientierung, Fahrzeugdefekt oder aus sonstigen Gründen – ein Etappenziel nicht erreicht haben.
4. Denken Sie daran, in allen Bereichen Reserven zu schaffen, denn nur dann können Sie sicher sein, auch in schwierigen Situationen immer noch etwas zulegen zu können. Wie betont, trifft das auf alle Bereiche zu: Zeit, Geld, Treibstoff, Nahrung und Getränke, Ersatzteile, persönliche Leistungsfähigkeit und Ausrüstung, um nur die wichtigsten zu nennen. Zum Beispiel Treibstoff: Beim Off Road-Fahren kann der Treibstoffverbrauch rund 50 – 60 % höher als gewohnt liegen. Dazu kommt noch eine Kraftstoffreserve für unvorhergesehene Umwege von mindestens 30 %. Oder zum Beispiel Wasser: Bei einer Wüstenfahrt ist mit 8 – 10 Litern Wasser pro Person und Tag zu rechnen. Dazu noch das Brauchwasser für Autokühler, Hygiene, Spülen und so weiter, was mit weiteren 2 – 5 Litern pro Person und Tag zu Buche schlägt.
5. Seien Sie sowohl psychisch als auch ausrüstungsmäßig immer auf böse Überraschungen vorbereitet. Treten diese dann nicht ein, um so besser. Tritt aber irgend eine unvorhergesehene, problematische Situation ein, dann sind Sie sowohl mental als auch beim Material darauf vorbereitet und können sich wesentlich leichter helfen. Die Einstellung »Es-wird-schon-gehen« ist auch bei der kürzesten und leichtesten Off-Road-Tour der erste Schritt zum Mißerfolg.
6. Zur Organisation Ihrer Planung und Vorbereitung erstellen Sie sich am besten Checklisten. Allerdings nicht eine große Gesamtliste, denn sie wird bei ausgiebiger und intensiver Planung für längere Touren rasch unübersichtlich. Besser sollte es für jeden Bereich eine eigene Checkliste geben, auf der Sie alle Ihre Tätigkeiten und Vorbereitungen entsprechend überprüfen und auf den Listen abhaken können – eine Hilfe, die sich in allen Fällen immer wieder als äußerst praktisch herausgestellt hat.

Planungsbereiche

Nicht bei jeder Tour werden alle nachfolgend angesprochenen Details in der Planung und Vorbereitung wirklich berücksichtigt werden müssen. Auch die Gewichtung wird unterschiedlich sein, je nach Länge und Schwierigkeit der Tour. Außerdem ist darauf hinzuweisen, daß die einzelnen Bereiche in Wechselwirkung zueinander stehen. Es wird daher selten möglich sein, jeden Bereich nach einmaligem Durchdenken zu erledigen. Vielmehr wird es erforderlich sein, alle Bereiche zueinander in Bezug zu bringen, bis am Ende der Planungsphase dann ein kompaktes, geschlossenes Ganzes herauskommt. Die im weiteren angeführten Bereiche dürfen daher auch nicht als vollständige Auflistung betrachtet werden, sondern lediglich als Hilfestellung für die wichtigsten zu überlegenden Punkte.

Faktor Zeit

Meist ist die Zeit ein begrenzender Faktor für die Absichten, die man hat. Gleichgültig, ob es sich um eine Wochenendtour oder um eine Expedition über zwei Monate handelt – es wird sicher der erste Punkt sein, festzulegen, wieviel Zeit zur Verfügung steht und was man in diesem Zeitraum bewältigen will. Dabei ist auch auf die erforderlichen Zeitreserven und bei der durchzuführenden Raum-Zeit-Kalkulation auch auf die besonderen Schwierigkeiten des jeweiligen Geländeabschnittes Rücksicht zu nehmen – ein besonders schwieriger Vorgang, wenn man bedenkt, daß die gefahrene Strecke pro Stunde stark von den gegebenen Verhältnissen abhängig ist und zwischen 2 km/h und weniger und 50 km/h und mehr liegen kann. Auch die für Planung und Vorbereitung erforderliche Zeit ist zu bedenken, denn bei wirklich großen Unternehmungen kann diese Vorbereitungsphase auch ein Jahr und länger dauern.

Faktor Geld

Ein weiterer, begrenzender Faktor ist meistens auch das Geld. Dabei ist nicht nur zu bedenken, wieviel finanzielle Mittel für das Unternehmen zur Verfügung stehen, sondern auch, welche Art der Mittel in welcher Form bereitgestellt werden müssen – Cash, in Form von Travellerschecks oder über Kreditkarten. Zu berücksichtigen ist natürlich auch, wie die gesetzlichen Bestimmungen bei der Einfuhr finanzieller Mittel in den Reiseländern sind. Wo kann Geld am günstigen getauscht werden und welche Währungen werden benötigt?

Faktor Route

Letztendlich führen immer mehrere Wege zum Ziel. Dabei ist dann auch in die Überlegungen einzubeziehen, ob die Route nur ein Mittel ist, ein bestimmtes Ziel zu erreichen, oder ob in sportlichem Sinn das Fahren selbst das Ziel der Unternehmung darstellt. Dabei sind der jeweilige Schwierigkeitsgrad des Weges, seine Länge und auch all die anderen in diese Frage hineinspielenden Bereiche wie Infrastruktur vor Ort, Leistungsfähigkeit des Fahrzeuges und dergleichen zu bedenken.

Faktor Information

Für die gesamte Planung ist die Informationsbeschaffung von ausschlaggebender Bedeutung. Möglichkeiten dazu gibt es viele, aber erst die Gesamtheit aller ausgeschöpften Quellen ergibt eine brauchbare Basis. Eine dieser Möglichkeiten ist die Einsichtnahme in die Fachliteratur. Diese reicht von der Reisebeschreibung über Wegbeschreibungen bis hin zu Reiseführern, die oft sehr informativ und gut gemacht sind. Wichtig ist es, dabei zu beachten, von wann diese Informationen stammen, um sie noch als aktuell oder schon als teilweise oder gänzlich überholt beurteilen zu können. Weitere Möglichkeiten zur Informationsbeschaffung bieten Kartenmaterial und oft auch Fotos. Beim Kartenmaterial ist für unseren Zweck das Beste – größtmöglicher Maßstab, möglichst viele Details – gerade gut genug. Allerdings ist es in manchen Fällen nicht immer leicht, von bestimmten Zielen überhaupt Kartenmaterial zu bekommen. Da wird man dann auch mit geringerer Qualität zufrieden sein müssen. Ausgezeichnete Informationen ergeben sich aus Gesprächen mit Personen, die über einschlägige Erfahrungen verfügen. Wer schon einmal an einem bestimmten Ort war oder Reisen dorthin unternommen hat, weiß natürlich aus eigener Erfahrung am besten, welche Probleme, welche besonderen Schwierigkeiten und welche Eigenheiten der Weg und das Land aufzuweisen haben. Dabei ist es erstens nicht immer leicht, an solche Personen heranzukommen und zweitens ist es auch nicht immer einfach, zu beurteilen, wie objektiv die Berichte solcher Personen letztendlich wirklich sind. Daher ist die beste Technik, Informationen zwar zu sammeln, sie jedoch kritisch zu beurteilen und sich nicht blind darauf zu verlassen. Informanten trifft man beispielsweise in Abenteurer-Clubs, bei Lichtbildvorträgen oder auch durch persönliche Hinweise. Es können auch Inserate in den einschlägigen Fachzeitschriften ergiebig sein. Zudem sollte man auch Reisebüros, Konsulate oder andere Vertretungen fremder Länder nutzen. Auch Globetrotter- und Expeditionszentralen haben sich in letzter Zeit zu Informationsdrehscheiben jeder Richtung gemausert und sind in Fachkreisen ein heißer Tip.

Faktor Infrastruktur

Um zu beurteilen, wie lange man für einen bestimmten Wegabschnitt brauchen wird, ist es nicht nur wichtig, zu wissen, wie lang er ist, sondern auch, wie etwa der Straßenzustand ist und wie gut das Straßennetz insgesamt ausgebaut ist. Fährt man nur Off-Road, dann ist es auch wichtig, die Landschaftsform und die Bodenbeschaffenheit zu kennen, um entsprechende Berechnungen und Planungen durchführen zu können. Ein weiteres Kriterium in dieser Richtung ist das jeweilige Klima, die jeweilige Witterung, die Jahreszeit und deren voraussichtliche Auswirkungen auf den Zustand der Wege oder des zu befahrenden Geländes.

Ein anderer wichtiger Punkt im Bereich der infrastrukturellen Voraussetzungen sind die Möglichkeiten zur Treibstoffversorgung (Art und Menge) entlang der geplanten Wegstrecke und auch die eventuell vorhandenen Möglichkeiten zur Fahrzeugreparatur. Auch Unterkünfte, Wasserstellen und Lebensmittelbeschaffung sind in diesen Bereich einzubeziehen.

Faktor Fachliches Können

Fachliches Können erstreckt sich nicht nur auf die Fahrfertigkeiten, sondern betrifft auch Gebiete wie beispielsweise Orientierung, Survival-Techniken, Fahrzeug- und Reparaturkenntnisse, weiter auch die Beschaffung von Nahrungsmitteln und auch grundsätzliche medizinische Kenntnisse. Jeder sollte sein fachliches Können ehrlich einschätzen und das Off-Road-Vorhaben realistisch darauf abstimmen. Leichtsinn kann tödliche Folgen haben.
Noch ein Wort zu den Survival-Techniken: Survival an sich ist eine sehr komplexe Sache. Vorhandene (oder nicht vorhandene) Ausrüstung, Situationsanalyse und entsprechendes Know-how im Zusammenwirken mit entsprechenden vorbeugenden Maßnahmen (hoffentlich!) ergeben eine für die jeweilige Notsituation maßgeschneiderte Lösungsmöglichkeit. Ein Beispiel: Bei einer Wüstendurchquerung geraten Sie in eine Notsituation, zum Beispiel Fahrzeugdefekt. Eine Situationsanalyse könnte nun folgendermaßen aussehen:

- Ausrüstung: Reicht zum Schutz gegen Hitze und Nachtkälte. Signalmittel sind vorhanden (Kinderdrachen, Blinkspiegel, Leuchtkugeln). Wasser und Nahrungsmittel sind ebenfalls für einige Tage vorhanden.
- Survival: Im Notfall kann Wasser mit Hilfe der Sonne und Destillationstechnik gewonnen werden. Techniken über Schattenspende und Vermeiden von Flüssigkeitsverlust sind bekannt. Behelfsmäßige Signalmittel (ausgebaute Scheinwerfer, angezündete Autoreifen) können bei Ausfall der vorhandenen Erstmittel eingesetzt werden. Sie wissen, daß Sie bei Mitnahme von 10 l Wasser in einem Nachtmarsch höchstens 45 km zurücklegen können - eventuell zu wenig, um Hilfe erreichen zu können. Sie kennen den Vorteil einer erhöhten Lagerposition. Sie wissen um die Notwendigkeit, Nachtwachen einzuteilen u.s.w.

Situationsgerechte Lösung: Sie verbleiben am Ort und suchen einen entsprechenden Lagerplatz. Sie regeln die Lagerorganisation und versuchen, Hilfe durch Signale herbeizurufen.

Faktor Gesundheit

Damit ist nicht nur die individuelle Leistungsfähigkeit gemeint, sondern auch die Kenntnis der persönlichen Schwächen, wie zum Beispiel Empfindlichkeit gegenüber Temperaturen, dem Klima, körperlicher und psychischer Belastung; und das nicht nur für sich selbst, sondern für jeden Teilnehmer an der Unternehmung.

Weiter gehört in diesen Bereich auch der gesamte Komplex der notwendigen vorbeugenden Impfungen oder auch der Medikamentierung während einer Tour, die Zusammenstellung der Reiseapotheke und die durch die Umstände oft erschwerte persönliche Hygiene. Die Gewichtung all dieser Punkte hängt selbstverständlich vom geplanten Ziel ab und kann von Tour zu Tour beachtlich differieren.

Faktor Fahrzeug und Ausrüstung

Absolute Voraussetzung für den Erfolg jeder Off-Road-Tour ist es, daß zuerst einmal das Fahrzeug in einen technisch optimalen Zustand versetzt wird. Für eine längere Tour ist es wichtig, einen Reparaturlehrgang zu besuchen beziehungsweise sich von jemandem - aber bitte wirklich nur von jemandem, der es tatsächlich kann – in Sachen Fahrzeugtechnik schulen zu lassen. Ein Reparaturhandbuch ist dazu eine hervorragende Ergänzung. Bei dieser Schulung ist es besonders wichtig, daß die Besonderheiten und Schwachstellen des eingesetzten Kfz-Typs berücksichtigt werden und über die richtige Zusammenstellung des Ersatzteilsortiments und des Werkzeugsatzes informiert wird. Kühler- und Benzinschläuche, Keilriemen, Kühlerdichtungsmittel, Wasserpumpe und Kleinteile wie Schrauben, Draht und Klebeband sind besonders wichtig. Dazu bei Ottomotoren noch Teile für die Zündanlage. Da Reifen abseits der Straßen naturgemäß besonders strapaziert werden, sind auch reichlich Flickzeug, Reserveschläuche und Karkassen mit dem nötigen Werkzeug mitzuführen.

Eine gute Möglichkeit ist auch das Vormontieren von Ersatzaggregaten wie zum Beispiel Regler, Lichtmaschine, Zündspule, Benzinpumpe oder ähnlichem. Ein weiterer Punkt, der in diesem Zusammenhang zu berücksichtigen ist, ist entsprechendes Werkzeug beziehungsweise zusätzliche Ausrüstung für Ausnahme- oder Extremsituationen – das reicht vom Sandblech für die Wüstenfahrt bis hin zur Wasserentkeimungstablette oder einem Wasserfilter für Dschungelgebiete bis zu besonderen Vorkehrungen für Schnee. Je nachdem, wohin Ihre Fahrt gehen soll. Auf einen Kleinkompressor und auf die Mitnahme einer Fußpumpe ist besonders hinzuweisen.

Wichtig ist das richtige Beladen des Fahrzeuges, denn es ist nicht gleichgültig, welche Sachen wo untergebracht werden. Als grundsätzliche Technik sollte man sich merken, daß alles das, was man häufig braucht, auch so verpackt und verstaut werden sollte, daß es leicht erreichbar bleibt. Günstig ist dabei die Verwendung von Behältern (Reisetaschen, Box usw.). Man hat damit alles Nötige übersichtlich auf engem Raum beisammen. Fixiert man diese Behälter dann noch so, daß sie nicht in jeder Kurve die Seite wechseln, dann tut man nicht nur viel für die Übersicht, sondern erhöht auch die Sicherheit wesentlich.

Geht es um Gewicht, wie bei Zusatzkanistern und Wassertanks, so ist daran zu denken, daß hoch oben auf dem Fahrzeugdach angebrachte, schwere Gegenstände die Stabilität des Fahrzeuges besonders bei Schräglage stark beeinträchtigen und damit ein Kippen des Wagens begünstigen können.

Faktor Reisebegleitung

Der nächste, wichtige Gesichtspunkt ist die richtige Auswahl der Reisebegleitung. Je nach Tour können in schwierigen Situationen die Belastungen für die einzelnen Teilnehmer des Unternehmens sehr groß werden. Gruppendynamische Vorgänge sind über längere Zeitspannen unausbleiblich und können zu ständigen Konfliktherden werden. Jeder weiß, daß eine Kette letztlich nur so stark ist, wie ihr schwächstes Glied. Wenn man solche Unternehmen plant, ist es daher wichtig, die Zusammensetzung der Reisegruppe schon vorher bei kürzeren und leichteren Unternehmungen auszuprobieren. So ist es möglich, die Schwachpunkte jedes einzelnen Teilnehmers festzustellen und eventuell den einen oder anderen dann noch ausscheiden zu können.

Die Verantwortlichkeiten während einer Unternehmung werden am besten schon vor Reisebeginn – im Idealfall einvernehmlich – aufgeteilt und zugeordnet, und es sollte von vornherein feststehen, wer der Leiter und Verantwortliche für den Gesamtablauf ist. Dann können Verantwortlichkeiten für Teilbereiche wie zum Beispiel Finanzen, Ernährung, Sprachkenntnisse, Survival, Mechanik und Technik, Orientierung sowie ärztliche Betreuung festgelegt werden.

Sollten die Fachkenntnisse der einzelnen beteiligten Personen in den ihnen zugeordneten Verantwortungsbereichen allerdings nicht ausreichen, dann ist auch die zusätzliche Einplanung einer fachlichen Einschulung der Teilnehmer in die Vorbereitungsphase zu überlegen.

Faktor Bürokratie

Nun sind die bürokratischen Hürden zu beachten. Das Besorgen von Ein- und Ausreisegenehmigungen, Visa, Impfzeugnisse, internationaler Führerschein und Versicherungen wie Kranken- und Zusatzversicherung sind nur einige Anregungen zu eigenen, der jeweiligen Tour angepaßten Überlegungen in diese Richtung. Auf jeden Fall günstig ist auch das Mitnehmen von zwei Reisepässen (oder einer vollständigen Kopie des Reisepasses), und zwar im Fall von Verlust sowie für den Fall, daß in Staaten mit sehr unterschiedlichem System eingereist werden soll, wo es manchmal wichtig ist, bei der Einreise in das eine Land keinen Vermerk im Reisepaß zu haben, der auf das andere Land hinweist (z.B. Türkei und Griechenland). Es ist auch daran zu denken, daß andere Länder eben auch andere Sitten haben können, die mit unseren Auffassungen manchmal nicht nur nicht harmonieren, sondern eher das genaue Gegenteil darstellen. Das geht von unkonventionellen Möglichkeiten bei der Erlangung von Genehmigungen bis hin zu einem anderen Lebensrhythmus und anderen grundsätzlichen Ansichten. Das alles ist auch schon in der Planung und Vorbereitung entsprechend zu berücksichtigen.

Ausrüstung und Bekleidung

Als eigenständiger Vorbereitungsbereich ist die persönliche Bekleidung und Ausrüstung zu bedenken. Es können dazu an dieser Stelle keine verbindlichen Angaben gemacht werden, da jedes Reiseziel unterschiedliche Anforderungen stellt. Wichtig und hilfreich erscheinen aber einige allgemeine Bemerkungen. Kleidung sollte immer so ausgewählt werden, daß sie kombinierbar ist und somit Feinabstufungen je nach Außentemperatur oder dem persönlichen Erhitzungsgrad erlaubt. Guter Schutz gegen Regen und Wind ist essentiell und kann unter Umständen lebensrettend werden. Bedenken Sie auch, daß Sie nicht nur im Fahrzeug sitzen und sich nicht nur im Gelände aufhalten, sondern bei manchen Gelegenheiten auch mehr oder weniger offiziell um Genehmigungen nachsuchen müssen oder bei Polizei oder anderen Institutionen Auskünfte oder sonstiges erbitten werden und daß da sehr wohl auch das Äußere eine Rolle spielen kann.

Kräftiges Schuhwerk bietet im Gelände nicht nur besseren Halt, sondern auch besseres Schutz. Moderne Trekkingschuhe bieten einen auch zum Autofahren durchaus geeigneten Kompromiß.

Wäsche, die Feuchtigkeit vom Körper abtransportiert, sorgt für ein gesundes und angenehmes Mikroklima. Weitere Ausrüstung wie Schlafsack, Zelt, Isomatte, Rucksack, Werkzeuge, entsprechendes Kochgeschirr, Heiz- und Kochmöglichkeiten hängt vom jeweiligen Reiseziel ab. Als Anhalt für die Vorbereitung abschließend eine mögliche, allgemeine Ausrüstungsliste (ohne gesetzlich vorgeschriebene Teile wie Warndreieck und Autoapotheke):

- Abschleppseil
- Arbeitsbekleidung: Sie umfaßt einen Arbeitsanzug (oder -overall, groß genug, daß er auch über die normale Bekleidung gezogen werden kann), Arbeitshandschuhe und -schuhe, am besten wohl Gummistiefel.
- Decke: Nimmt nicht viel Platz ein und ist vielseitig verwendbar, vom Kälteschutz bis hin zur Unterlage.
- Klappspaten
- Kompaß: Er ist unverzichtbar. Wer je in dichtem Nebel auf unbeschilderten Kreuzungen kleiner Landstraßen Ratespiele über die einzuschlagende Richtung gespielt hat, wird ihn zu schätzen wissen.
- Landkarte: Alle Karten zwischen einem Maßstab von 1:50 000 bis 1:500 000 sind hilfreich. Für besondere Unternehmungen wird natürlich spezielles Kartenmaterial beschafft werden müssen.
- Notpaket: Dieses sollte zumindest Taschenmesser (am besten ein Mehrzweckklappmesser), Bindedraht, Bindeschnur, Textilklebeband, Kerze, Zünder/Feuerzeug, Sicherheitsnadeln, Nähzeug beinhalten. Der Inhalt kann natürlich beliebig erweitert werden. Das Notpaket dient für alle möglichen Kleinreparaturen und kann besonders in Extremsituationen wertvoll sein.
- Regenanzug: Ob dünner Perlon-Laufanzug oder Regenumhang – er schützt vor Nässe, gegen den Wind und bei Bedarf auch gegen Kälte.
- Schreibzeug und Papier gehört in jedes Handschuhfach.
- Taschenlampe: Ermöglicht Arbeiten auch bei Dunkelheit. Am günstigsten ist eine Stirnlampe. Damit hat man beide Hände frei. Ersatzbatterien und ein Reservelämpchen gehören auch dazu.

- Unterlagsplane: Am besten aus Kunststoff oder gummiertem Gewebe. Kann vielseitig verwendet werden.
- Wagenheber und Werkzeugsatz: Zählt bei jedem Fahrzeug zur Grundausstattung. Eine Ergänzung des Werkzeugsatzes ist abhängig vom jeweiligen Kfz-technischen Können und Verständnis des Fahrers. Genauere Angaben erscheinen daher nicht sinnvoll. Einzige Ausnahme ist ein Verlängerungsrohr für den Kreuzschlüssel. Damit wird es auch weniger kräftigen Benutzern ermöglicht, durch Verlängerung des Hebelarmes die entsprechenden Arbeiten durchzuführen.
- Robustes Arbeitsmesser: Wichtig ist eine durchgehende Klinge (Angel), um das Messer wirklich auch für schwere Arbeiten verwenden zu können.
- Bergesatz: Bestehend aus mehreren Seilstücken, Drahtseilen, Schleppgurten, Rollen, Karabinern.
- Elektrischer Minikompressor – sportlicher ist eine Fußpumpe.
- Hacke: Muß nicht groß, sollte aber unbedingt sehr robust sein und kann für die verschiedensten anfallenden Arbeiten verwendet werden.
- Seilzug/Seilwinde: Wer sich unter schwierigen Bedingungen in schwieriges Gelände begibt, sollte sich unbedingt eines von beiden anschaffen.
- Reservekanister (voll).
- Säge: Wie die Hacke unverzichtbar. Im Notfall tut es auch ein klein zusammenrollbarer Sägedraht.
- Schneeketten: Am besten für alle vier Räder.
- Signalstift und -munition: Können in unwegsamen und unbewohnten Gebieten zu Lebensrettern werden.
- Trinkflasche (voll).

Für größere Unternehmungen wird sicher eine auf die Eigenheiten der Tour abgestimmte Ergänzung dieser Liste notwendig werden.

Fahren im Gelände

Allgemeine Regeln

Zwei Faktoren sind abseits der Straße von besonderer Bedeutung: die Bodenfreiheit und die Traktion, das heißt, das Vermögen, die Motorkraft auch auf die Fahrbahn übertragen zu können. Die Bodenfreiheit ist wichtig, um nicht bei jeder größeren Unebenheit aufzusitzen. Traktion deshalb, um bei rutschigem Untergrund nicht schon bei der kleinsten Steigung hängenzubleiben. Geländewagen werden speziell auf diese Kriterien hin konzipiert und sind daher am besten für Off Road-Touren geeignet. Aber auch allradgetriebene PKWs oder Kleinbusse leisten im Gelände erstaunliches. Selbst zweiradgetriebene Fahrzeuge können mehr leisten, als ihnen gemeinhin zugetraut wird, wenn ein Fahrer mit dem richtigen Know-how hinter dem Steuer sitzt. Bevor Sie aber auch nur den ersten Meter im Gelände wagen, sollten Sie an folgendes denken:

- Füllen Sie alle Flüssigkeitsstände (Kühlflüssigkeit, Öl, Treibstoff, Bremsflüssigkeit, Getriebeöl) bis zum Maximalstand auf, damit auch bei extremer Schräglage des Fahrzeuges über längere Zeit immer die volle Wirkung gegeben ist.
- Fixieren Sie alle beweglichen Gegenstände im Innenraum, da ansonsten ein Werkzeug, unter dem Gaspedal festklemmt, oder ein Rucksack, überraschend über den Schaltknüppel gestürzt, für böse Überraschungen sorgen kann.
- Entfernen Sie an der Fahrzeug-Außenseite, soweit wie möglich, hinderliches Zubehör. Ein kräftiger Ast kann die Dachgalerie abreißen oder zumindest beschädigen. Nur eine eingezogene Antenne und angeklappte Seitenspiegel sind vor Beschädigung geschützt. Auch wären Sie nicht der erste, dem beim Zurückrutschen die Anhängerkupplung zum Verhängnis wird.
- Prägen Sie sich ein, wo an der Unterseite Ihres Fahrzeuges die besonders gefährdeten Teile (Differential, Lenkgetriebe, Ölwanne, Auspuff) liegen. Sie wissen dann, wie Sie ein Hindernis (Stein, Kuppe) »nehmen« müssen, ohne das Fahrzeug zu beschädigen.

- Da besonders bei steiler Bergauffahrt der Körper mehr als sonst in den Sitz gedrückt wird, ist auch die Sitzeinstellung entsprechend zu verändern. Rücken Sie den Sitz zwei bis drei Rasten weiter vor und stellen Sie die Lehne steiler. Damit wird sichergestellt, daß sämtliche Bedienungselemente selbst bei extremen Winkeln stets gut erreichbar sind.
- Ziehen Sie den Sicherheitsgurt fester als sonst an. Das fixiert Ihren Körper in extremen Winkeln besser im Sitz und sichert somit den Kontakt mit dem Fahrzeug. Es wird auch die Ansicht vertreten, daß in manchen Situationen ein Gurt eher gefährdet; und zwar dann, wenn ein Absturz in jedem Fall tödlich wäre, man aber ohne Gurt noch die Chance hätte, abzuspringen. Das mag zutreffen – die Entscheidung darüber muß letztendlich jeder für sich fällen. Als Regel muß dennoch gelten, daß auch im Gelände das Angurten selbstverständlich ist.
- Halten Sie das Lenkrad fest und legen Sie den Daumen zu den übrigen Fingern auf, doch niemals unter den Lenkradkranz. Sollte ein Schlag das Lenkrad aus Ihren Händen reißen, ist eine Verletzung der Daumen durch die mitdrehenden Lenkradspeichen möglich.
- Der linke Fuß kommt auf die Fußstütze. Dort hilft er Ihnen, sich fester in den Sitz zu pressen. Zudem unterliegen Sie nicht so leicht der Versuchung, im Reflex die Kupplung zu treten.
- Schalten Sie in den Geländegang, sobald Sie in das Gelände einfahren, und nicht erst, wenn Sie schon darin festsitzen.

Fünf Regeln für das Fahren im Gelände sind besonders wichtig:

1. Streckenerkundung zu Fuß:
   Hinter jeder Kurve, Kuppe oder hinter jeder Geländekante können Gefahren versteckt sein. Unter Schnee, hohem Gras oder dichtem Unterholz können, für Sie unsichtbar, Löcher oder Gräben nur darauf warten, daß Sie mit Ihrem Fahrzeug darin steckenbleiben. Scheinbar harmlose Wasserlachen können metertief sein. In unübersichtlichen Geländeabschnitten ist daher vorab die Fahrspur zu Fuß zu erkunden. Bedenken Sie aber, daß Ihr Fahrzeug zwei Fahrspuren hat. Als in der Praxis am günstigsten hat sich erwiesen, daß auf dem Hinweg die erste und auf dem Rückweg die zweite Spur erkundet wird.

2. Ausnützung der Masseträgheit:
   Da nach dem Gesetz der Masseträgheit ein bewegter Körper in Bewegung bleiben will, ist es für Sie wichtig, in kritischen Situationen Ihr Fahrzeug unter allen Umständen in Bewegung zu halten. Damit können Sie zeitlich begrenzten Traktionsverlust ausgleichen und auch schwierige Passagen überwinden.

3. Rechtzeitiges Schalten:
   Da beim Schalten durch Unterbrechung des Antriebes Traktionsverlust entstehen kann, sollten Sie unbedingt vermeiden, den Schaltvorgang gerade in kritischen Situationen durchzuführen. Schalten Sie am besten vor den zu erwartenden Schwierigkeiten. Haben Sie es jedoch ein-

mal versäumt, dann versuchen Sie, mit dem gerade eingelegten Gang durchzukommen und erst nachher auf die optimale Übersetzung zu schalten. Das gleiche gilt auch für ruckartiges Beschleunigen oder Bremsen oder auch für harte Lenkvorgänge.

4. Langsames Fahren:
   Langsames Fahren in schwierigen Situationen bringt Ihnen Zeit zum Auswählen der passenden Fahrspur oder zum Reagieren bei unerwartet auftretenden Schwierigkeiten. Langsamfahren bedeutet gefühlvoller Umgang mit Gas-, Bremspedal und Lenkrad, erfordert die passende Drehzahl zum eingelegten Gang und heißt auch, so oft wie möglich den Motor als Bremse zu benutzen.

5. Schnelles Fahren:
   Schnelles Fahren ist »off road« die Ausnahme und wird immer dann einzusetzen sein, wo Fahrschwung das einzige Mittel ist, ein Hindernis zu überwinden. Das Schwierige daran ist, diese Situation rechtzeitig zu erkennen. In der Praxis wird man diese Technik am besten immer nur als letzte verbleibende Möglichkeit nutzen.

Bergauf und bergab

Grundsätzlich sollten Steilhänge bergauf immer in der Fallinie befahren werden, da so durch die gleichmäßige Gewichtsverteilung des Wagens die Traktion verbessert wird. Fahren Sie dabei unter normalen Fahrbahnverhältnissen so langsam wie möglich (1. oder 2. Geländegang). Anders verhält es sich bei Nässe oder sonstwie rutschiger Fahrbahn. Da ist es günstiger, mit soviel Schwung zu fahren, daß Sie gerade noch die obere Kante überwinden können. Holen Sie sich diesen Schwung schon vor der Steigung (2. oder 3. Gang) und überlegen Sie bereits vorher den eventuellen Einsatz von Traktionshilfen. Geht die Steilhangfahrt trotzdem schief, kommen Sie unten folgendermaßen am ehesten wieder heil für einen neuen Versuch an:

a) Sie sind im Steilhang hängengeblieben, der Motor läuft: Bremsen (Fußbremse) – auskuppeln – Retourgang einlegen – einkuppeln und Bremse lösen – mit wenig Gas in der Fallinie wieder zurückfahren.
b) Sie sind im Steilhang hängengeblieben, der Motor ist abgestorben: Bremsen (Fußbremse) – auskuppeln – Retourgang einlegen – einkuppeln und Bremse lösen – in den eingelegten Retourgang starten und (wie im Beispiel mit laufendem Motor) zurückfahren.

Fahren Sie einen Steilhang bergab, erfolgt die Wahl der Fahrspur grundsätzlich wie beim Fahren bergauf. Fahren Sie besonders langsam und unterstützen Sie bei Bedarf die Bremswirkung des Motors durch leichtes Mitbremsen. Sollten Sie trotzdem ins Rutschen kommen, empfehlen sich folgende Maßnahmen:

a) Rutschen in Fahrtrichtung: Weg von der Bremse – etwas Gas geben! Damit wird der Vortrieb größer als die Rutschgeschwindigkeit und die verlorengegangene Traktion wird wieder aufgebaut.

b) Rutschen und Drehen: Weg von der Bremse – etwas Gas geben – in die Fallinie einlenken. So wird das durch den Traktionsverlust bereits unlenkbare Fahrzeug wieder stabilisiert, denn Räder, die greifen, können auch wieder gelenkt werden.

Ist die Fahrbahn naß und rutschig, dann fahren Sie oben am Steilhang am besten gleich im 2. Gang los. Das bewirkt, daß beim eventuell erforderlichen Gasgeben durch vermehrten Vortrieb die Korrektur trotz ungünstiger Traktionsbedingungen wirksam wird.

Fahren schräg am Hang

Üblicherweise bewältigen Fahrzeuge an Hängen Winkel zwischen 35 und 45 Grad. Wird dieser Wert überschritten, kippt das Fahrzeug um. Allerdings spürt man den Beginn des Kippens deutlich und rechtzeitig, so daß genügend Zeit für Gegenmaßnahmen bleibt. Besser ist es allerdings, gar nicht in diese Grenzsituation zu kommen. Deshalb sollten Sie die Neigung des zu befahrenden Hanges genau prüfen. Schätzen ist dazu zwar gut, messen aber besser (siehe dazu Kapitel »Hilfstechniken zum Fahren im Gelände«).

Ergaben Ihre Messungen, daß Sie den Hang befahren können, legen Sie die Fahrspur fest, und zwar so, daß hangabwärts möglichst viel Raum zur Verfügung steht. Bei der Überprüfung der Fahrspur zu Fuß sollten Sie daran denken, daß schon ein faustgroßer Stein hangwärts oder eine handtiefe Mulde talwärts bezüglich der maximal verkraftbaren Schrägneigung des Fahrzeugs das Zünglein an der Waage sein könnte.

Skizze 7
Fahren schräg am Hang

Fahren Sie langsam und ruhig. Sie können sich freuen, wenn Sie als Fahrer bergwärts (oben) sitzen. Es ist wesentlich bequemer und man fühlt die Kippgrenze deutlicher und früher – leider kann man sich das in der Praxis aber nicht aussuchen, sondern nur wünschen.

Sollte der Wagen aus irgendwelchen Gründen trotzdem zu kippen beginnen – geben Sie Gas! Die Beschleunigung stabilisiert meist ausreichend, um Sie aus der kritischen Situation zu retten. Reicht das Gasgeben allein jedoch nicht aus, so lenken Sie in Fallrichtung ein (also talwärts). Damit bringen Sie die abhebenden Räder wieder auf den Boden, und das Fahrzeug ist wieder stabil.

Sicherlich ist Ihnen jetzt klar, warum bei der Wahl der Fahrspur der Raum nach unten so wichtig war! Das gilt vor allem bei trockener und griffiger Fahrbahn. Ist sie aber naß und schmierig, ist eher mit einem seitlichen Wegrutschen zu rechnen. Kommt es dazu, dann helfen folgende Reaktionen:

a) Das Fahrzeug rutscht vorne weg: Bremsen (Fahrzeug dreht sich schneller in die Fallinie) – talwärts einlenken.
b) Das Fahrzeug rutscht hinten weg: Gas geben – bergwärts einlenken.
c) Der Wagen rutscht quer: Gas geben – talwärts einlenken (das Gewicht des Motors dreht früher oder später das Fahrzeug ohnehin talwärts).

Eventuell bereits vorhandene Fahrrillen geben den Reifen mehr Seitenhalt und können, wenn sie tief genug sind, ein seitliches Wegrutschen verhindern. Bei Bedarf können sie auch vertieft oder überhaupt erst künstlich geschaffen werden, was zwar schweißtreibend und zeitraubend ist, aber das Risiko des Wegrutschens beträchtlich vermindert. Dazu ein Tip: Vertieft man die obere Spur mehr als die untere, wird auch die Kippneigung verringert – ein weiterer Beitrag zur Risikobegrenzung.

Um Ihre Ausgangsposition bei einer Hangschrägfahrt zu verbessern, können Sie Ihren Beifahrer als »Ausleger« einsetzen. Dieser bildet dann, sich so weit wie möglich bergwärts vom Fahrzeug weglehnend, ein wirkungsvolles Gegengewicht, das die Kippgrenze deutlich nach oben verschiebt. Kippt das Fahrzeug allerdings dennoch, dann ist das rechtzeitige Abspringen dringend anzuraten; daher sollte der »Ausleger« sich nicht am Fahrzeug festbinden. Um die Kippstabilität eines Fahrzeuges in Schräglage solcherart zu erhöhen, ist folgendermaßen vorzugehen:

- Zum Festhalten können die Dachgalerie, Fensterleisten bei offenem Fenster oder Seilschlingen (von der anderen Fahrzeugseite quer über das Dach laufend) oder ähnliches verwendet werden. Dabei ist aber sicherzustellen, daß bei einem eventuellen Kippen des Fahrzeuges ein sofortiges Lösen des Griffes möglich ist.
- Für die Beine ist ein fester und sicherer Halt zu suchen. Meist wird das ein Trittbrett, seitlicher Rammschutz oder die Fensterkanten bei geöffnetem Fenster sein. Bedenken Sie bei der Auswahl, daß ein Abrutschen mit den Beinen nicht nur die Wirkung des »Auslegers« schlagartig aufhebt, sondern auch zum Überrollen des Abgerutschten und damit auch zum Kippen des Fahrzeuges führen kann. Das macht deutlich, daß ein sicherer Auftritt das entscheidende Kriterium dieser Technik ist.
- Stellen Sie sicher, daß Sie beim eventuellen Abspringen nicht mit Ihrer Bekleidung an vorstehenden Fahrzeugteilen hängenbleiben und mitgerissen werden.

Überfahren von Gräben und Kuppen

Zwei parallel verlaufende Gräben mit einer dazwischenliegenden Kuppe, sogenannten Spurrillen, sind die in der Praxis am häufigsten anzutreffende Form des Problems »Gräben und Kuppen«. Es gibt sie in jeder Breite und Tiefe, meist in vielbefahrenen Geländeabschnitten. Daß Spurrillen manchmal auch »Weg« oder »Straße« genannt werden, ändert nichts an der Fahrtechnik. Grundsätzlich können sie der Länge nach befahren, schräg oder quer überfahren werden.

Befahren von Spurrillen der Länge nach

Nehmen Sie am besten eine der Rillen in die Mitte, und zwar jene, an deren äußeren Rand sie mehr Platz für eventuell erforderliche Fahrmanöver haben.

Skizze 8
Befahren von Spurrillen der Länge nach (richtig)

Damit vermeiden Sie nicht nur die Gefahr des Aufsitzens am Mittelstreifen, sondern auch die unangenehme Situation, aus Spurrillen nicht mehr herauszukommen.

Skizze 9
Befahren von Spurrillen der Länge nach (falsch)

Sind Sie trotzdem in die Spurrillen hineingerutscht, gilt Vorsicht! Besonders bei schmierigem Boden besteht die Gefahr, daß das Fahrzeug mit eingeschlagenen Vorderrädern geradeaus geschoben wird. Haben diese dann plötzlich ausreichend Bodenhaftung, kann Ihr Fahrzeug unerwartet und unkontrolliert seitlich ausbrechen. Versuchen Sie daher, zunächst einmal ganz langsam aus der Spur herauszufahren. Geht das nicht, probieren Sie es mit Herausschaukeln. Hilft auch das nicht, dann erwägen sie den Einsatz von Traktionshilfen, oder sie schaffen ein Hindernis in einer der Spurrillen. Ein größerer Stein, Holzknüppel, Erdhaufen oder ähnliches mögen ausreichen, dem Rad den nötigen Halt zu geben, so daß Sie die Kuppe erreichen. Meist genügt ein Hindernis für beide Achsen. Wenn es dennoch nicht klappt, greifen Sie zu Ratschlägen aus dem Kapitel »Das Bergen«.

Überfahren von Spurrillen quer

Diese Technik ist überhaupt nur dann möglich, wenn die Bodenfreiheit Ihres Fahrzeuges größer ist als die maximale Tiefe der Spurrillen.

Skizze 10
Überfahren von Spurille quer

Ist diese Voraussetzung gegeben, dann überfahren Sie langsam und in Abschnitten erst die eine Rille, dann die zweite. Bei rutschigem Boden nehmen Sie Schwung. Aber nur soviel, um jeweils gerade noch eine der Spurrillen zu überfahren.

Sind die Spurrillen zu tief, dann haben Sie nur die Möglichkeit, durch stellenweises Auffüllen der Rillen die entsprechenden Voraussetzungen zu schaffen oder es im schrägen Winkel zu versuchen.

Überfahren von Spurrillen im schrägen Winkel

Mit dieser Technik können Sie auch tiefere Spurrillen durchfahren. Allerdings ist die Gefahr des Umkippens durch Schwungverstärkung oder – bei fehlender Sperre – des »Hängenbleibens« durch das mögliche Abheben zweier diagonal liegender Räder (Durchdrehen) immer gegeben.

Skizze 11
Überfahren von Spurrillen im schrägen Winkel

Besitzt Ihr Wagen eine mechanische Sperre (100 %), dann fahren Sie langsam schräg durch die Spurrillen. Ist der Untergrund rutschig, dann fahren Sie mit Schwung wie beim Querfahren (schubweise Gasstöße). Ohne mechanische Sperre (Sperrwirkung unter 100 % oder beim Fehlen einer solchen Sperre) ziehen Sie schon vor dem Anfahren die Handbremse an (zur Hälfte oder bis zu zwei Dritteln). In diesem Fall können auch bei trockener Fahrbahn dosierte Gasstöße je Spurrille eine zusätzliche Hilfe sein. Das Auffüllen der Spurrillen ist allerdings auch in diesem Fall die sicherste, wenn auch zeitaufwendigste Methode.

Überfahren von Geländekanten

Geländekanten, wie Grate, Kuppen oder Böschungen sollten grundsätzlich ebenfalls in der Fallinie überwunden werden, um den Bodenkontakt aller Räder zu gewährleisten. Ist der Kantenwinkel allerdings spitzer als es die Bodenfreiheit Ihres Fahrzeuges zuläßt, sitzen Sie beim Überqueren auf. Die Kante mit viel Schwung zu überspringen ist zwar möglich, erfordert aber sehr viel Erfahrung und eine genaue Kenntnis des hinter der Kante befindlichen Geländes. Als Alternative bietet sich ein Überfahren im schrägen Winkel an. Es entspricht in Fahrtechnik und Risiko dem schrägen Überfahren von Spurrillen. Daher ist es sicherer, die Kante soviel wie nötig abzuflachen.

Skizze 12
Überfahren von Geländekanten

Durchfahren von Gräben

Kleinere Gräben werden nach den Grundsätzen des Überfahrens von Spurrillen bewältigt, größere wie beim Befahren von Steilhängen bergab und bergauf gemeistert. In letzterem Fall ist allerdings an der Grabensohle zu beachten, daß die Winkel der Grabenwände nicht steiler sind als die Böschungswinkel Ihres Wagens. Sonst könnte es Ihnen passieren, daß Sie entweder mit der Fahrzeugnase in der Grabensohle stecken – oder mit dem »Hintern« an der Grabenwand hängenbleiben. Im Notfall kann Fahren schräg am Hang helfen.

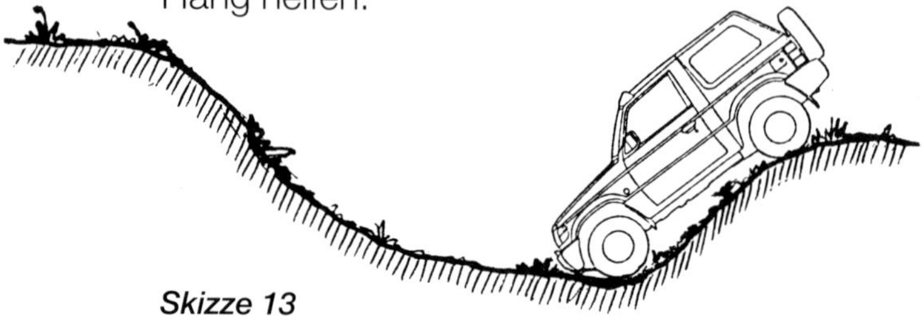

Skizze 13
Der Winkel der Grabenwand ist steiler als der vordere Böschungswinkel des Wagens

Befahren von Gräben

Die größte Gefahr droht bei dieser Technik von Hindernissen, die aus den Grabenwänden ragen und Ihr Fahrzeug erheblich beschädigen können. Wichtig ist, die gesamte Grabenstrecke vorher auf ausreichende Breite und Befahrbarkeit zu erkunden. Eine schwierige Grabenstrecke nur deshalb im Rückwärtsgang zurückfahren zu müssen, weil ein unüberwindbares Hindernis Sie unerwartet an der Weiterfahrt hindert, zählt nun wirklich zu den vermeidbaren Dingen des Lebens.

Skizze 14
Vermeidbare Situation!

Beim Befahren v-förmiger Gräben ist zusätzlich zu beachten, daß durch Auf- und Abwärtslenken an den Grabenwänden eine Wagenseite so weit abrutschen kann, daß der Wagen kippt oder sich festfährt.

Skizze 15
Schon leichtes Einlenken kann hier zum Kippen des Wagens führen

Durchwaten von Gewässern

Die Furtbarkeit eines Gewässers hängt von folgenden Kriterien ab:

- der Wassertiefe
- der Fließgeschwindigkeit
- der Bodenbeschaffenheit
- der Neigung und Beschaffenheit der Ufer und der Uferböschungen.

Wassertiefe
Die größte befahrbare Wassertiefe ist grundsätzlich abhängig von der Bauweise des Fahrzeugs. Bei Geländewagen beträgt sie üblicherweise 50 cm; kurzzeitig sind auch bis zu 70 cm möglich. Bei normalen PKWs wird allerdings ein Abzug von rund 20 cm notwendig sein, um unliebsame Überraschungen zu vermeiden.

Fließgeschwindigkeit
Bei fließendem Gewässer kann die Wasserwucht – resultierend aus Fließgeschwindigkeit und Wassertiefe – so groß sein, daß ein Furten nicht mehr möglich ist. Eine Fußerkundung klärt die Machbarkeit eines Furtvorganges im voraus.

Bodenbeschaffenheit
Auch bei geringer Wassertiefe kann schlammiger oder einfach weicher Untergrund ein Gewässer unfurtbar machen. Schottriger, fester Boden ist daher eine Voraussetzung für die Furtbarkeit eines Gewässers.

Neigung und Beschaffenheit der Ufer und der Uferböschungen
Auch wenn das Flußbett selbst befahrbar wäre, ist die Beschaffenheit der Ufer und Uferböschungen ausschlaggebend dafür, ob ein Ein- beziehungsweise Ausfahren aus dem Gewässer überhaupt möglich ist. Diese Überlegung bezieht sich sowohl auf den Neigungswinkel beziehungsweise die Steigung als auch auf die Bodenbeschaffenheit sowie den Bewuchs der Ufer und Uferböschungen. Grundsätzlich können sowohl fließende als stehende Gewässer durchfurtet werden. Es ist jedoch in beiden Fällen wichtig, daß vor dem Losfahren das Erkunden der Gegebenheiten steht.

Vorbereitungen

Legen Sie, am besten von einem Übersichtspunkt aus, die mögliche Fahrspur im Gelände und durch das Gewässer fest. Bedenken Sie dabei, daß die Fahrspur im Wasser schräg zur Strömung (Wasserdruck) verlaufen sollte, und legen Sie Einfahrts- und Ausfahrtsstelle auch nach diesem Gesichtspunkt fest. Erkunden Sie die so festgelegte Fahrspur gründlich zu Fuß. Überprüfen Sie sie dabei auf störende Hindernisse (Steine, Löcher, Ausspülungen oder ähnliches), auf Steigungswinkel, Bewuchs und die Fahrbahnbeschaffenheit.

Bereiten Sie Ihr Fahrzeug vor: Hängen Sie den Keilriemen aus, damit der Ventilator nicht den gesamten Motorraum unter Wasser setzt. Überprüfen Sie alle diversen Ablaß- und Entlüftungsschrauben – einsetzen und festziehen! Wenn erforderlich, Luftansaugöffnungen mit einem Schlauch nach oben verlängern. Elektrische Anlage gegen Spritzwasser schützen (Plastiksack oder ähnliches anbringen; bei Dieselmotoren nicht unbedingt notwendig). Eine Verlängerung des Auspuffs ist nicht unbedingt erforderlich, da die austretenden Verbrennungsgase ein Eindringen des Wassers verhindern (allerdings nur, solange der Motor läuft). Bevor Sie losfahren, legen Sie alle vorhandenen Hilfen ein (Allrad, Geländegang, Sperren). Bei Bedarf kann eine Seilsicherung gute Dienste leisten (siehe Kapitel »Hilfstechniken zum Fahren im Gelände«). Ein vorbeugendes Anlegen von Traktionshilfen für die Ein- und Ausfahrt ist zu überlegen.

Furten

Fahren Sie wie im Gelände – langsam (keine Bugwelle erzeugen), niedriger Gang, angepaßte Drehzahl – und halten Sie das Fahrzeug in Bewegung. Sollte der Motor absterben, versuchen Sie, den Wagen noch gegen die Strömung zu stellen (Wasser im Auspuff). Seien Sie beim Ausfahren aus dem Wasser besonders konzentriert. Der erste Versuch ist deshalb so wichtig, weil bei allen weiteren durch die zunehmende Durchfeuchtung des Untergrundes die Bedingungen immer schwieriger werden.

Nachbereitung

Haben Sie sicheren Boden erreicht, so bringen Sie zuerst Ihr Fahrzeug wieder in den Ausgangszustand (Keilriemen, Ablaßschrauben, Verlängerungen, elektrische Anlage). Überprüfen Sie die Unterseite gründlich auf beschädigte Leitungen (Bremse, Treibstoff, Öl) beziehungsweise auf verklemmte Äste, verbogene Blechteile und dergleichen.

Nach Schlammstrecken (Flußausfahrt) reinigen Sie gründlich die Bremsanlage, denn Schlamm auf der Bremse bewirkt höhere Reibung. Und höhere Reibung wiederum bewirkt größere Hitze, die zu Verglasungen und Rillenbildung, also zu ernsthaften Beschädigungen führen kann. Sie werden sehen, die Mühe lohnt sich.

Nach der Reinigung müssen die nassen Bremsen trockengefahren werden. Das gelingt am besten, indem Sie während der Fahrt mit dem linken Fuß leicht bremsen und rechts ausgleichend Gas geben und das für etwa 20 bis 30 Sekunden. Dennoch kann bei der nächsten Vollbremsung ein Verziehen des Fahrzeuges nicht ausgeschlossen werden. Seien Sie daher zum Gegenlenken bereit!

Überfahren von Hindernissen

Hindernissen auf der Fahrbahn, wie Steinen, Baumstümpfen, Erdhügeln oder ähnlichem, sollten Sie am besten überhaupt ausweichen. Sie »zwischen die Räder zu nehmen« ist nur dann anzuraten, wenn Sie ganz sicher sein können, daß die Bodenfreiheit Ihres Wagens höher ist als das Hindernis selbst. Besser ist es, das Hindernis zu entfernen oder – wenn das nicht geht – es langsam mit den Rädern einer Wagenseite zu überfahren, denn meist ist die Bodenfreiheit eines Fahrzeuges an den Seiten größer als in der Mitte. Als letzte und ziemlich materialbeanspruchende Möglichkeit soll das »Überrutschen« besprochen werden. Es ist – wenn überhaupt – nur bei Baumstämmen, Erdhügeln oder anderen »weichen« Hindernissen und bei halbwegs griffiger Fahrbahn anzuraten. Der Ablauf ist folgender:

a) Sie überfahren mit beiden Vorderrädern das Hindernis und sitzen mit der Fahrzeugunterseite auf.

b) Mit dem Antrieb der Hinterräder schieben Sie das Fahrzeug so weit über das Hindernis, bis es nach vorne kippt.
c) Nun ziehen Sie es mit dem Antrieb der Vorderräder weiter, bis auch die Hinterräder das Hindernis überfahren.

Begrenzende Faktoren sind alle Überhänge (Böschungswinkel) Ihres Fahrzeuges, die »Empfindlichkeit« der Wagenunterseite und die Griffigkeit der Fahrbahn.

Skizze 16
»Überrutschen« eines Hindernisses

Befahren von Geröllfeldern

Geröll oder groben Schotter könnte man eine flächendeckende Aneinanderreihung von Fahrbahnhindernissen nennen. Trotzdem müssen manchmal auch solche Geländeabschnitte befahren werden, wobei die folgenden Hinweise helfen können:

- Geben Sie bei härteren oder griffigeren Stellen Gas; bei weicheren Stellen lassen Sie den Wagen nur mit seinem Schwung darüberrollen.
- Bei Nässe festigt sich das Geröll meist etwas (sehr im Gegensatz zu anderen Fahrbahnoberflächen) und ist dann leichter befahrbar.

Hilfstechniken zum Fahren im Gelände

Fahrtechniken und Traktionshilfen

Sie haben die Fahrspur gewählt, der passende Geländegang ist eingelegt, es kann losgehen: wenig Gas, den Wagen in Bewegung halten. Haben Sie die Situation richtig eingeschätzt, werden Sie kritische Abschnitte problemlos bewältigen. Haben Sie aber die Schwierigkeiten unter-, die Traktion aber überschätzt oder beim Fahren einen Fehler gemacht, dann drehen irgendwann die Räder durch, und Sie stecken fest. Versuchen Sie in dieser Lage auf keinen Fall, sich durch vermehrtes Gasgeben zu befreien: Die Räder wären sehr bald achstief eingegraben, das Auto würde aufsitzen, und Sie müßten das Fahrzeug bergen. Viel besser ist es, vorerst folgende Hilfstechniken und Hilfsmittel auszuschöpfen:

1) Bleibt Ihr Fahrzeug in Schlamm, Schnee oder einfach tiefem Boden stecken, so ist in erster Linie zu versuchen, in der eigenen Spur zurückzufahren. Gefühlvoll gemacht gelingt es manchmal noch, nach hinten wegzukommen, wenn nach vorne nichts mehr geht.

Skizze 17
Zurückfahren in der eigenen Spur

Gelingt das nicht, so bietet sich als Alternative das »Herausschaukeln« des Wagens an.

2) Um ein Fahrzeug »herauszuschaukeln«, fahren Sie gefühlvoll im 1. Gang an, bis die Räder durchrutschen. Danach schalten Sie in den Rückwärtsgang und geben vorsichtig Gas, bis die Räder abermals durchrutschen. Nun wieder zurück in den 1. Gang und vorsichtig Gas geben. Dabei entsteht meist ein deutlich fühlbarer Schaukelrhythmus, den es so lange zu verstärken gilt, bis Sie durch längeren Anlauf, größeren Schwung und auch mit etwas Glück wieder freikommen. Sind Helfer zur Stelle, so können sie dabei durch rhythmisches Anschieben wesentlich zum Erfolg beitragen.

Aus Gruben und Senken wird es oft möglich sein, durch stetig schwungvoller werdendes Vor- und Zurückfahren (Spiel mit der Kupplung im 1. oder im Rückwärtsgang) das Fahrzeug wieder flott zu bekommen, wenn für dieses »Schwungholen« genügend Platz vorhanden ist.

Skizze 18
»Herausschaukeln« eines Fahrzeugs

Nützt das alles nichts, ist die Verwendung von Traktionshilfen die einzige Chance. Vorbeugend eingesetzt, könnten durch Traktionshilfen viele unangenehme »Hänger« vermieden werden – aber wer beurteilt Situationen schon immer richtig? Es gibt verschiedene Möglichkeiten, die Traktion zu verbessern, und sie können entweder einzeln oder kombiniert eingesetzt werden:

a) Absenken des Reifendrucks: Die Absenkung des Reifendruckes ist abhängig vom befahrenen Untergrund und wird im allgemeinen bei Fels, Geröll oder Schotter um ca. 30%, bei Sand, Schlamm oder tiefem Schnee um etwas 60 bis 70% des Sollwertes liegen. Unter ca. 0,4 bar besteht die akute Gefahr, daß der Reifen von der Felge gezogen wird – und das wollen wir unbedingt vermeiden! Der Effekt der Absenkung: Der Reifen walkt besser, hat dadurch mehr Selbstreinigung und erreicht somit einen höheren Wirkungsgrad des Reifenprofils. Die Auflagefläche mit dem Boden wird erweitert und damit die Traktion verbessert.
Die praktische Durchführung der Druckabsenkung kann mit einem Luftdruckmeßgerät präzise überwacht werden. Nur, wer hat in derartigen Situationen schon ein solches Instrument zur Hand? Weniger präzise, aber ausreichend genau geht es auch mit der Uhr: Eine Minute lang Luft ablassen bedeutet ca. 0,75 bar Luftdruckverringerung. Wenn sie es noch genauer wissen wollen, überprüfen Sie mit Uhr und Luftdruckmesser diese Technik an der nächsten Tankstelle. Einmal durchgeführt können Sie immer auf diesen Wert zurückgreifen. Nach Überwindung des problematischen Streckenabschnittes sollten

Sie allerdings so rasch als möglich den richtigen Reifendruck wiederherstellen, da Reifen bei zu niedrigem Luftdruck sehr rasch verschleißen. Das gelingt entweder sportlich mit einer Hand- oder Fußluftpumpe oder bequem mit einem kleinen Kompressor (die mit Batterie oder über das Auto betrieben wird). Fehlt beides, helfen nur noch besondere Vorsicht und Sorgfalt auf dem Weg zum nächsten Stützpunkt.

b) Unterlegen der Reifen: Alles, was die Fahrbahn fester und griffiger macht, ist dazu geeignet, die Reifentraktion wiederherzustellen – an allen vier Reifen natürlich. Ideal sind sogenannte »Sandbleche«, die bei Wüstenfahrern sehr beliebt sind. Diese leisten natürlich nicht nur im Sand, sondern auch unter vielen anderen Bedingungen im Gelände gute Dienste. Viel eher sind allerdings, je nach den Verhältnissen in der Umgebung, andere Behelfe greifbar: Sand, Schotter, Steine, Äste, Knüppel, Fußmatten (finden sich in fast jedem Auto und auch in Expeditionsfahrzeugen), alte Bekleidungsstücke oder Planen. Will man sich einen zeitraubenden und unangenehmen Fußmarsch ersparen, um nach Erreichen festen Bodens die untergelegten Traktionshilfen wieder einzusammeln, kann man sich folgendermaßen behelfen: Hängen Sie alles, was Sie unterlegen, vor dem Anfahren mit einem entsprechend langen Strick am Fahrzeug an (Stoßstangen, Rammschutz oder ähnliches). So schleppen Sie alles bis zum Erreichen festen Bodens mit.

c) Entlasten des Fahrzeugs: Wenn sie versehentlich mit dem »Fahrzeugbauch« aufsitzen und nicht mehr vor- oder zurückkönnen, kann Sie folgender Trick wieder freibekommen: Lassen Sie Mitfahrer aussteigen und entladen Sie das Fahrzeug. Sie gewinnen so einige Zentimeter an Bodenfreiheit, die entscheidend sein können.
Geht das nicht, dann versuchen Sie das Hindernis, auf dem der Wagen aufsitzt, zu beseitigen oder Sie helfen sich, indem Sie Ihren Wagen mit dem Wagenheber hochbocken, bis er freikommt. Dann legen Sie zum Beispiel Steine unter die Räder. Oft genügt es schon, wenn Sie den hochgebockten Wagen nach einer Seite drücken, bis der Wagenheber umkippt und der Wagen versetzt wird.
Mit Unterstützung der Mitfahrer können Sie den Wagen auch mit einem Hebel freiheben. Damit begeben wir uns allerdings schon in den Bereich des Bergens eines Fahrzeugs.

d) Belasten der Vorderachse: Bei steilen Bergauffahrten können auch bei einem Allrad-Auto die Vorderräder durchdrehen. Schuld ist die unterschiedliche Achslastverteilung. Der Schwerpunkt wandert nach hinten, und die Hinterachse wird in dem Maße mehr belastet wie die Vorderachse entlastet wird. Da beide Achsen die gleiche Kraft erhalten, die entlasteten Vorderräder aber bald durchdrehen, wird aus dem allradgetriebenen Fahrzeug eines mit Hinterradantrieb. Da hilft dann nur eine zusätzliche Belastung der Vorderachse, sei es durch Gewichte oder den Beifahrer.

Zentimetergenaues Fahren sollte man auch bei hohem Adrenalinspiegel beherrschen.

Im Gelände kann zusätzliches Gewicht auf der Vorderachse hilfreich sein.

Direkter Blick auf das Vorderrad erleichtert präzises Lenken wesentlich.

Den Sitz möglichst nah ans Lenkrad ran und die Daumen auf den Lenkradkranz. So behalten Sie Ihr Fahrzeug besser im Griff und verhindern Verletzungen an den Daumen, falls Unebenheiten im Gelände Ihnen mit Wucht das Lenkrad aus der Hand schlagen sollten.

Die hohe Bugwelle zeigt an, daß das Gewässer eindeutig zu schnell durchfahren wird...

Eine Mulde im Bachbett kann unangenehme Folgen haben: Der Wagen sitzt plötzlich fest und der Motor stirbt ab.

...Schneller sollte man Gewässer nicht durchfahren.

Solange es die Bodenfreiheit des Wagens erlaubt, bereitet Treppensteigen keine weiteren Probleme.

Setzt man den Wagenheber etwa in der Fahrzeugmitte an, so ist das Versetzen des Geländewagens durch Umdrücken relativ einfach möglich.

Fast immer verfügbar: Fußmatten als Unterlage bei Traktionsproblemen.

Gelingt das Durchfahren einer Schneeverwehung nicht beim ersten Mal, kann wiederholtes Schwungholen zum Erfolg führen.

Bei der Arbeit mit einer Seilwinde sind Arbeitshandschuhe ein wichtiger Schutz.

Je schwieriger das Gelände wird, desto gründlicher muß der Weg vorab begangen werden.

e) Anziehen der Handbremse: Hat Ihr Fahrzeug keine mechanische Sperre, so hilft auch das Anziehen der Handbremse auf halb oder zwei Drittel, um das Durchdrehen eines Rades zu verhindern und damit Traktion zu gewinnen. Voraussetzung dafür ist allerdings, daß die Handbremse des Fahrzeuges auf die stärker belasteten Räder wirkt.

f) Anlegen der Ketten: Das ist zwar meist mit etwas Mühe und Schmutz verbunden, besonders dann, wenn man schon im »Dreck« steckt. Günstiger und viel einfacher ist es daher auf jeden Fall, die Ketten schon vorausschauend auf ebenem und trockenem Gelände anzulegen als das erst dann zu tun, wenn man schon bis zu den Achsen eingesunken ist. Auf nicht angetriebenen Rädern allerdings dienen Ketten nur zur Dekoration. Die Wirkung dieser Maßnahme ist dann am besten, wenn ein allradgetriebenes Fahrzeug auf allen vier Rädern Ketten trägt. Das Anlegen von Ketten bringt in jeder Art von weichem, rutschigem Boden eine wesentliche Erhöhung der Traktion; bei allradgetriebenen Fahrzeugen mit Ketten auf allen vier Rädern bis zu 70% – das reicht für fast alle Situationen.
Fehlen Ketten, dann ist ein Behelf jedenfalls besser als nichts. Seilstücke, Schnüre, Kabel, Kettenstücke oder ähnliches, durch die Felgenlöcher um den Reifen gebunden, sind zwar nur Improvisationen, erhöhen jedoch die Erfolgschancen erheblich.

g) Der Einzelspike ist eine Improvisation, die sich in der Praxis wiederholt bewährt hat. Binden Sie dazu einen Holzpfahl (ca. 5 cm Durchmesser) durch die Felgenlöcher so an Ihre angetriebenen Räder, daß dieser auf jeder Seite den einzelnen Reifen überragt. Wie weit der Pfahl überragen soll, ist von den Gegebenheiten Ihres Autos abhängig: Rund 10 cm wären aber in jedem Fall wünschenswert. Dreht sich jetzt das Rad langsam, so greift das vorstehende Pfahlende in den weichen Untergrund und verhindert das Durchrutschen des Rades. Der Einzelspike ist allerdings nur für kurze Passagen geeignet.

Skizze 19
Provisorischer Einzelspike

Messen von Böschungswinkeln und Entfernungen

Das Messen eines Böschungswinkels oder einer Hangneigung ist überall dort wichtig, wo es darum geht, abzuschätzen, ob die technischen Möglichkeiten eines Fahrzeuges den Gegebenheiten des Geländes entsprechen. Meistens wird das beim Befahren von Steilhängen bergauf, quer oder beim Befahren von Uferböschungen der Fall sein.

Zur Feststellung des Neigungswinkels sind hier die fünf verschiedenen Möglichkeiten dargestellt:

1. Winkelmesser

Jeder herkömmliche Winkelmesser ist geeignet; zur Not kann man auch selbst einen basteln. Am Nullpunkt der Anlegekante wird eine dünne Schnur befestigt und zum Beispiel mit einem kleinen Stein so beschwert, daß sie wie ein Lot wirkt. Dann legt man die Anlegekante des Winkelmessers an die Unterseite einer Holzlatte oder ähnlichem, die parallel zur Hangneigung gehalten wird. Die senkrecht herabhängende Schnur zeigt dann den Neigungswinkel in Grad an.

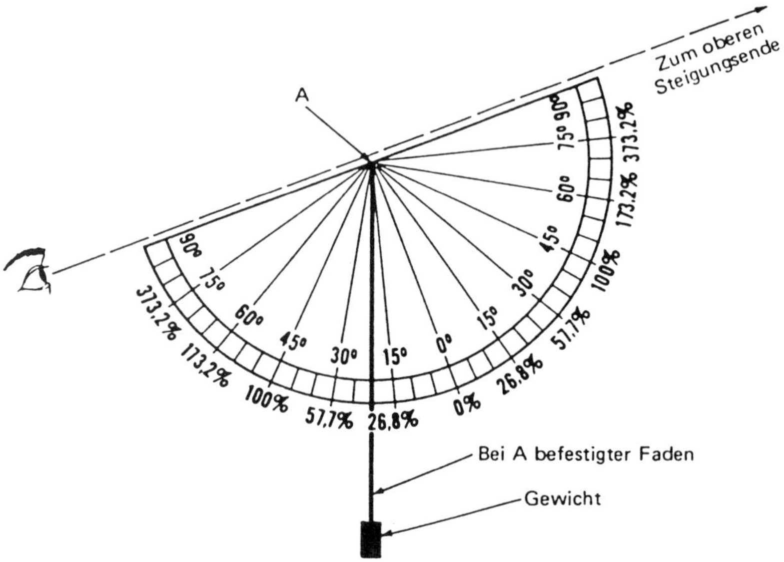

Skizze 20
Messen eines Neigungswinkels mittels eines provisorischen Winkelmessers

2. Latte und Meßband

Man hält eine 1 m lange Latte oder ähnliches waagerecht zum Hang. Dann mißt man mit einem Maßband den senkrechten Abstand vom äußeren Ende der Latte zum Boden.

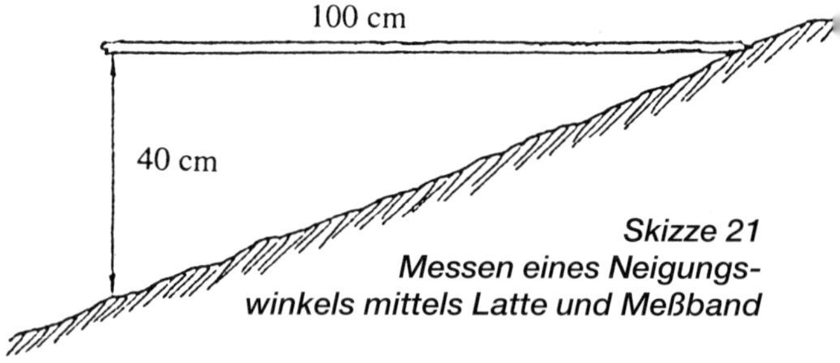

Skizze 21
Messen eines Neigungswinkels mittels Latte und Meßband

Das Meßergebnis in Zentimetern ist gleich der Neigung in Prozenten. Da 45 Grad gleich 100 Prozent sind oder aufgerundet 1 Grad gleich 2 Prozent, kann man die Grade leicht errechnen.

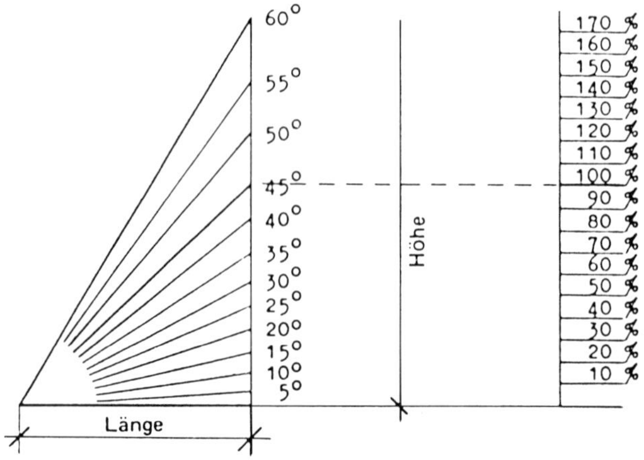

Tabelle 1

Ein Beispiel: 60 cm gemessener Abstand = 60% Neigung = 30 Grad. Daraus ergibt sich, daß die Hälfte des gemessenen Abstandes etwa gleich dem Neigungswinkel in Grad ist.

3. Latte und Uhr
Dazu wird die Uhr (Analoguhr) genau senkrecht gehalten (Verbindungslinie zwischen 12 und 6 ist eine senkrechte Linie). Die Latte wird parallel zur Hangneigung so bei der Uhr angelegt, daß ihre Oberkante genau durch die Ziffernblattmitte geht. Wenn man nun die Anzahl der Minuten von der durch die Ziffernblattmitte gehenden Horizontalen (Linie durch 9 und 3 Uhr) bis zu jener Stelle, wo die Oberkante der Latte die Minuteneinteilung schneidet, mit sechs multipliziert, erhält man den Neigungswinkel in Grad.

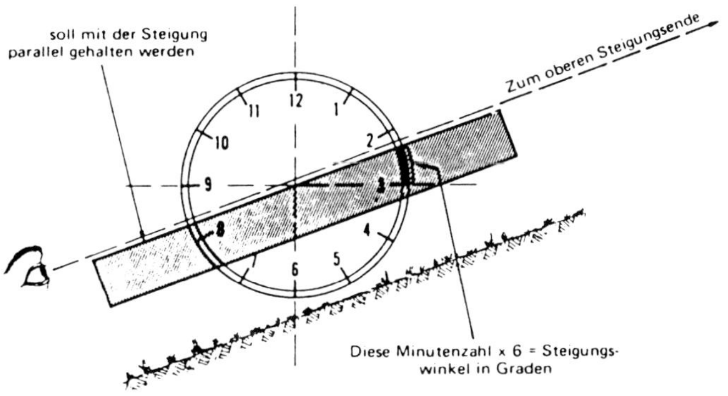

Skizze 22
Messen eines Neigungswinkels mittels Latte und Uhr

4. Handkompaß mit Neigungswinkelmesser (Anwendung nach Gebrauchsanleitung)
Der Neigungswinkelmesser wir auch als »Klinometer« bezeichnet.

5. Eingebauter Neigungswinkelmesser (Anwendung nach Gebrauchsanleitung)
Sein Schwachpunkt ist, daß er die Neigung des Fahrzeuges und nicht die des Geländes mißt. Das heißt, daß Sie mit Ihrem Fahrzeug schon mitten im geneigten Gelände stehen, wenn der Neigungswinkel gemessen wird – und das kann in der Praxis zu spät sein, um festzustellen, daß die Neigung vielleicht doch zu groß war.

Das Messen einer Entfernung beziehungsweise das Messen von Hindernisbreiten (Sumpf, Eisflächen, Gewässer und so weiter) lassen sich, wenn sie nicht aus der Karte ablesbar sind mit hinlänglicher Genauigkeit behelfsmäßig wie folgt ermitteln:

1) Ein am jenseitigen Rand des Hindernisses gelegenes Objekt wird durch Vorwärtseinschnitt mit der Bussole (Kompaß mit Kreisteilung und Ziellinie) vermessen, maßstabsgetreu in eine Skizze übertragen und die Höhe des Dreiecks herausgemessen.

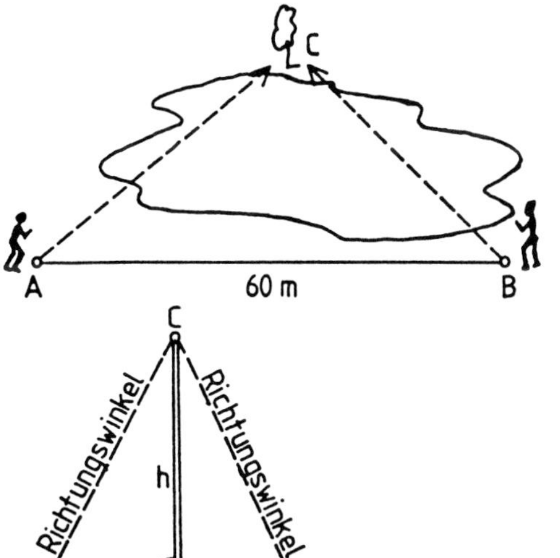

AB maßstabgetreu übertragen
Richtungswinkel einzeichnen
h = Breite des Hindernisses im Maßstab

Skizze 23
Messen von Hindernisbreiten (1)

2) Eine weitere Methode beruht auf dem Gesetz der Ähnlichkeit von Dreiecken. Die Punkte A, C, D und E werden markiert, die Strecken CD, DE und EA werden gemessen. Die Ähnlichkeit läßt sich dann folgendermaßen ausdrücken:

$$\frac{CD}{DE} = \frac{AB}{EA}$$

$$AB = \frac{EA \times CD}{DE}$$

Ein Beispiel: Man will die Strecke AB (Breite eines Gewässers) ermitteln; CD = 5 m, DE = 10 m, EA = 20 m:

$$AB = \frac{20 \times 5}{10} = \frac{100}{10} = 10 \text{ m Gewässerbreite}$$

Am einfachsten ist es, wenn die Strecken DE und EA gleich lang sind. Die Strecke CD entspricht dann genau der Hindernisbreite AB.

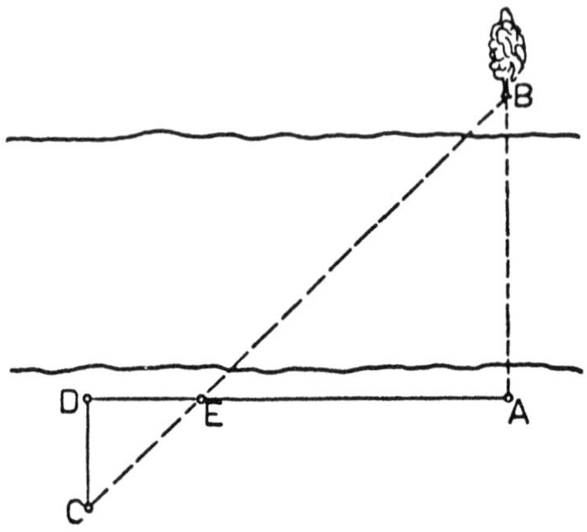

Skizze 24
Messen von Hindernisbreiten (2)

Vorgehensweise in der Praxis:
Suchen Sie am Gegenufer einen markanten Punkt (B) und markieren Sie Ihren eigenen Standort (A), der diesem Punkt genau gegenüberliegt. In rechten Winkel dazu schreiten Sie jetzt eine Strecke von circa 50 m ab und markieren den erreichten Punkt (E). Schreiten Sie in gleicher Richtung weitere circa 50 m ab und markieren Sie auch diesen Punkt (D). Es ist dabei nicht entscheidend, ob Sie jeweils genau 50 m abgeschritten sind; wichtig ist vielmehr, daß die Strecke AE gleich ED ist.

Gehen Sie jetzt im rechten Winkel zur bisherigen Richtung vom Fluß weg, so lange, bis die Punkte B und E auf einer Linie liegen (C). Die Strecke DC entspricht dann der Flußbreite.

3) Dank der Tatsache, daß die Summe der Innenwinkel eines jeden Dreiecks 180 Grad betragen muß, ergibt sich eine weitere Variante. Sie basiert auf der Gesetzmäßigkeit im gleichschenkligen Dreieck, die besagt, daß der Winkel zwischen den Katheten 90 Grad beträgt, die übrigen Winkel je 45 Grad. Die Strecken a und b sind gleich lang. Die Länge der Hypotenuse wird nach dem pythagoreischen Lehrsatz ermittelt: $c^2 = a^2 + b^2$.

Vorgehensweise in der Praxis:
Man sucht am gegenüberliegenden Ufer einen auffälligen Punkt (zum Beispiel einen Baum), stellt zu diesem mit der Bussole den Richtungswinkel fest und verändert ihn um 800 Strich (45 Grad). Dann geht man – bei gleichzeitigem Schrittzählen – rechtwinkelig so weit nach links oder rechts in die alte Rich-

tung, bis der auffällige Punkt im Visier sichtbar wird. Dann entspricht die Länge der zurückgelegten Strecke BC der Hindernisbreite AC.

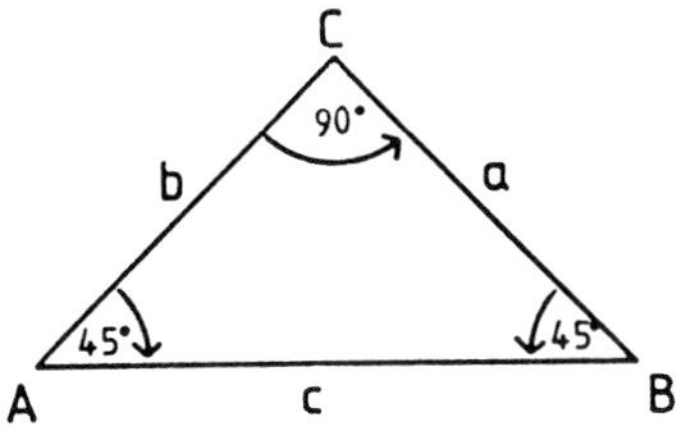

90 + 45 + 45 = 180

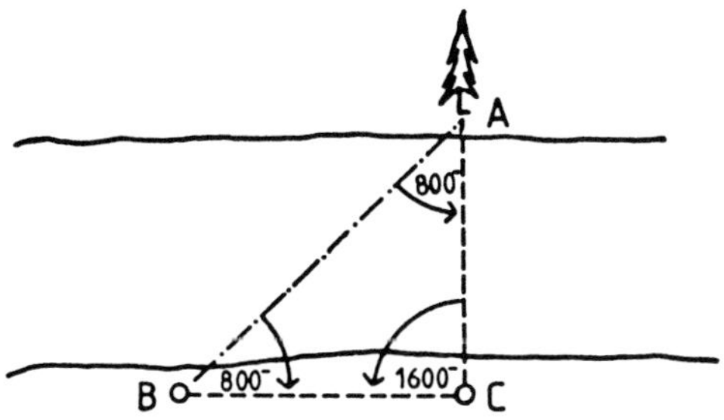

Skizze 25
Messen von Hindernisbreiten (3)

4) Die letzte der hier vorzustellenden Methoden arbeitet nach dem Prinzip der Streckenübertragung. Dabei wird folgendermaßen vorgegangen:
Stellen Sie sich ans Ufer des Flusses mit Blickrichtung parallel zum Ufer (A) flußauf- oder flußabwärts. Visieren Sie mit ausgestrecktem Arm über die Spitze eines waagrecht gehaltenen Holzstabes oder ähnlichem im rechten Winkel zur Uferlinie das Ihnen gegenüberliegende Ufer an (B) und markieren Sie mit dem Daumen den Schnittpunkt des Holzstabes mit dem diesseitigen Ufer (C). Merken Sie sich diesen Punkt im Gelände.
Drehen Sie den Stab um 180 Grad (Schnittpunkt mit dem diesseitigen Ufer bleibt gleich) und merken Sie sich den Punkt im Gelände, an dem jetzt das Ende des Stabes steht (D). Schreiten Sie die Entfernung vom Schnittpunkt am diesseitigen Ufer (C) zum festgehaltenen Punkt (D) ab. Sie entspricht der Flußbreite (BC). Diese Methode kann auch bei der Messung von Höhen angewendet werden.

Panikbremsung

Welcher Off-Road-Fahrer kennt diese Situation nicht: Er fährt locker und dazu vielleicht noch zügig in leichtem Gelände und sieht sich urplötzlich einem unüberwindbaren Hindernis gegenüber. Sehr viele Fahrer reagieren in einem solchen Augenblick mit einer Panikbremsung. Eine solche Vollbremsung geht zumeist gut, wenn das Fahrzeug mit ABS ausgerüstet ist; sie ist aber unbedingt zu vermeiden, wenn man ohne ABS unterwegs ist. Dann blockieren nämlich die Räder und das Fahrzeug wird unlenkbar. Ist es nun aber doch zu einer Panikbremsung gekommen und Sie rutschen mit Ihrem Fahrzeug viel zu schnell mit blockierten Reifen auf das Hindernis zu, dann haben sie folgende Chance, eine Kollision zu vermeiden: Wenden sie Ihren Blick vom Hindernis weg. Starren Sie es nicht wie hypnotisiert an, sondern entscheiden Sie welche Seite für ein Ausweichmanöver günstiger ist. Nehmen Sie ganz den Fuß von der Bremse und lenken Sie den Wagen in die gewählte Richtung. Reißen Sie dabei aber auf keinen Fall das Lenkrad zu stark herum, sondern lenken Sie nur soweit ein, daß Sie gut an dem Hindernis vorbeikommen – sonst besteht die Gefahr, daß der Wagen über die zu stark eingeschlagenen Vorderräder wegschiebt. Sind sie am Hindernis vorbei, lenken Sie ebenso gefühlvoll wieder in die ursprüngliche Richtung.

Mit ABS können Sie auch während des Lenkvorganges voll auf den Bremsen bleiben, da die Wagenräder nicht blockieren und somit lenkbar bleiben.

Sicherungstechniken

Off Road ergeben sich immer wieder Situationen, in denen man hart an seine persönlichen fahrtechnischen und vielleicht auch psychischen Grenzen kommt. Bei jedem Fahrer werden diese Grenzen unterschiedlich weit gesteckt sein. Jeder sollte aber danach trachten, sich gewisse Sicherungstechniken anzueignen, die im Falle des Mißlingens eines Fahrmanövers das Schlimmste verhindern helfen.

1) Die Seilbremse

Sie wird verwendet, um das Befahren sehr steiler oder rutschiger Gefällestufen in der Fallinie abzusichern. Ein entsprechend langes und tragfähiges Seil wird in die hintere Abschleppöse eingehängt, mehrfach um einen geeignet starken und verwurzelten Baum gewickelt und vom Partner jeweils nachgelassen. Durch die Reibung des Seiles am Baumstamm kann das Gewicht des Fahrzeuges auch von einer Person kontrolliert gebremst werden.

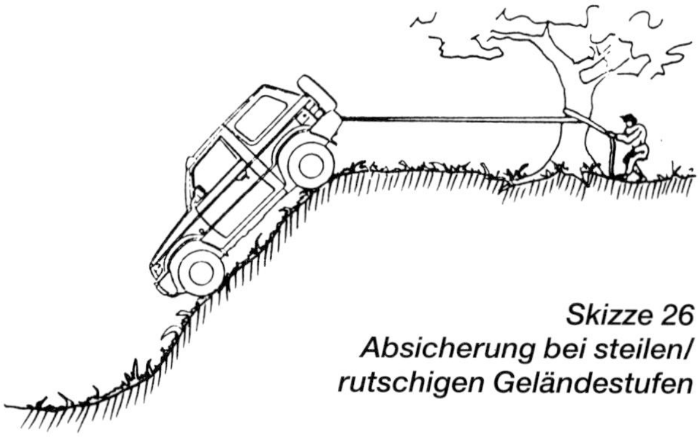

Skizze 26
Absicherung bei steilen/ rutschigen Geländestufen

2) Die Seilbahn

Die Seilbahn eignet sich zur Absicherung von Hangschrägfahrten, von heiklen Passagen entlang einer Fels- oder Geländekante (Absturzgefahr!) oder beim Durchwaten von fließenden Gewässern.

Dazu wird ein nicht dehnbares Tragseil parallel zur Fahrtrichtung zwischen zwei entsprechenden Verankerungspunkten straff gespannt, am besten mit Hilfe eines Flaschenzuges. Dann wird ein Halteseil mit einer Laufrolle befestigt; an dessen anderem Ende wird das Fahrzeug über beide Abschleppösen eingebunden.

Diese Technik ermöglicht gesichertes Fahren über die gesamte Länge des Tragseiles.

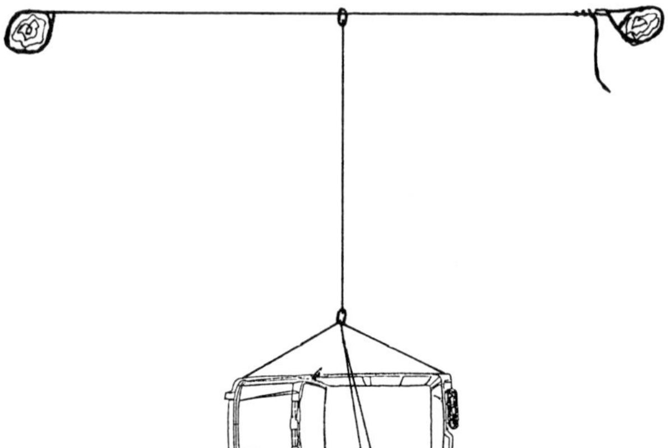

Skizze 27
Absicherung bei Fahrten schräg am Hang (1)

3) Das Pendel

Von ähnlicher Wirkung wie die Seilbahn ist diese Technik aufgrund der erzwungenen kreisförmigen Fahrbahn nur für relativ kurze Strecken geeignet.

Das Halteseil läuft hier direkt von der vorderen Abschleppöse über den Verankerungspunkt zur hinteren Abschleppöse, was Materialaufwand und Vorbereitungszeit auf ein Minimum reduziert.

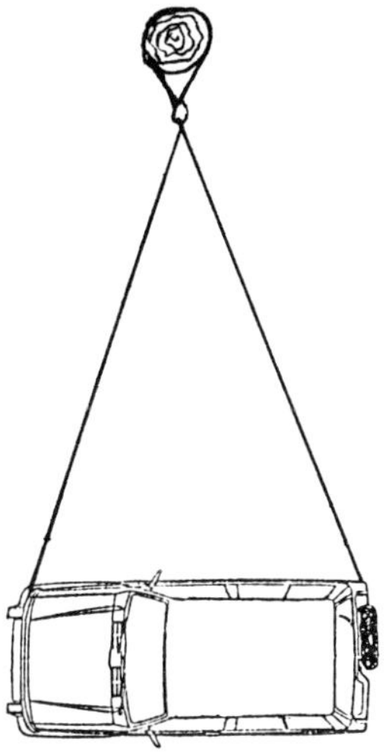

Skizze 28
Absicherung bei Fahrten schräg am Hang (2)

4) Die Umlaufsicherung

Diese kann am einfachsten mit der eigenen Seilwinde hergestellt werden und verbindet die Einfachheit der Pendelsicherung mit der größeren Reichweite der Seilbahnsicherung.

Dazu wird das Seil der Seilwinde ausgezogen (und eventuell verlängert), je nach Länge über Laufrollen durch zwei oder mehr Verankerungspunkte geführt und an der hinteren Abschleppöse des Fahrzeuges befestigt.

Seilbahn und Pendel sind sowohl gegen Abrutschen als auch gegen Kippen einzusetzen. In letzterem Fall muß nur darauf geachtet werden, daß das Fahrzeug am besten am oberen Rand der Türholme mit einem zusätzlichen Seil entweder am Verankerungspunkt (Pendel) oder am Halteseil (Seilbahn) fixiert werden muß.

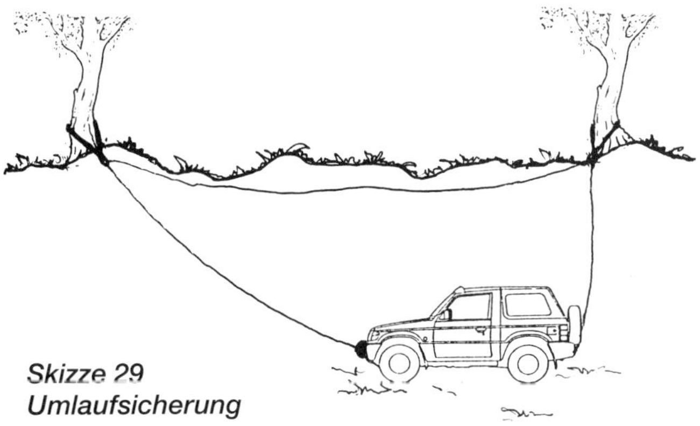

Skizze 29
Umlaufsicherung

Variationen und Improvisationen der aufgezeigten Möglichkeiten sind selbstverständlich möglich und je nach Situation sogar erforderlich.

Wesentlich einfacher, jedoch manchmal genauso notwendig, ist das Absichern stehender Fahrzeuge. Grundsätzlich bieten sich drei Möglichkeiten an, die je nach gegebener Situation anzuwenden sind:

5) Das Unterlegen

Zu beachten ist dabei, daß die unterlegten Bremsklötze (Holz, Fels, Eis usw.) groß genug sind, um nicht überrollt und schwer genug sind, um nicht weggeschoben zu werden.

6) Das Abstützen

Am besten ist ein kräftiger Holzbalken geeignet (Durchmesser mindestens 10 cm). Das obere Ende sollte so am Fahrzeug angebracht werden, daß es bei Belastung weder abrutschen noch das Fahrzeug beschädigen kann. Am besten dazu geeignet sind die zum Ansetzen des Wagenhebers vorgesehenen oder andere Rahmenteile. Das untere Ende der Abstützung ist mit einem zusätzlich eingeschlagenen Holzpflock gegen Wegrutschen zu sichern.

Skizze 30
Sichern durch Abstützen

7) Das Anhängen

Auch hierbei ist der Anhängepunkt so zu wählen, daß das Fahrzeug durch die Zugkraft nicht beschädigt wird. Ein 3-Punktsystem (beide Abschleppösen und ein Türpfosten als Befestigungspunkte) hat sich in der Praxis auch bei schweren Fahrzeugen gut bewährt.

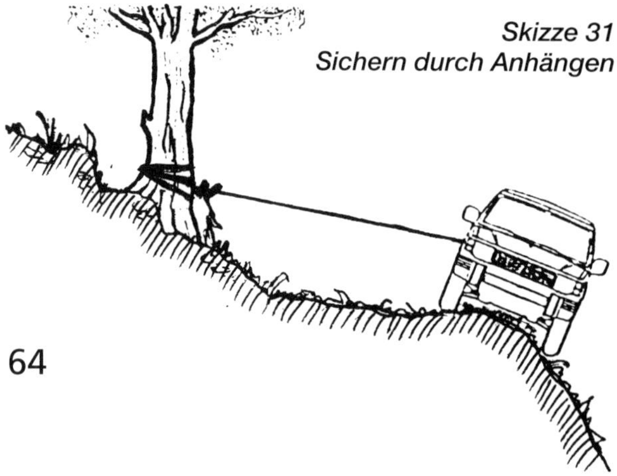

Skizze 31
Sichern durch Anhängen

Bau eines Behelfsfloßes

Lediglich eine Minderheit der Autofahrer träumt davon, mit dem Wagen behelfsmäßig einen See oder eine Bucht überqueren zu müssen – und das ist auch gut so. Diese Leute suchen ganz gezielt die Wildnis auf vier Rädern. Andere aber wären schon mit der gezähmteren Off-Road-Variante zufrieden, sehen sich unterwegs aber urplötzlich und unerwartet »ganz wilden« Situationen gegenüber. Das kann durchaus auch einmal das Problem sein, ein größeres Gewässer überqueren zu müssen, weil ein Durchwaten nicht mehr möglich ist. Kann hierzu ein Boot aufgetrieben werden, muß man lediglich berechnen, ob dessen Tragfähigkeit ausreicht. Diese Berechnung ist einfach und auf jeden offen Hohlkörper übertragbar: Rauminhalt in Kubikmetern = Tragfähigkeit in Tonnen. Der Rauminhalt wird dabei folgendermaßen berechnet: Nutzbare Höhe × mittlere Länge × mittlere Breite = Rauminhalt.

Unter der nutzbaren Höhe versteht man die Höhe des schwimmenden, unbelasteten Hohlkörpers von der Wasseroberfläche bis zum oberen Rand abzüglich 20 cm als Freibord. Die mittlere Länge (Breite) ist die Länge (Breite) des schwimmenden, unbelasteten Hohlkörpers in der Mitte der nutzbaren Höhe.

Ein Beispiel: Sie konnten ein pontonartiges Boot auftreiben mit einer Länge von 5 m, einer Breite von 2,5 m und einer nutzbaren Höhe von 0,2 m (der gemessene Abstand von der Wasseroberfläche zur Bordwandoberkante beträgt 40 cm, abzüglich 20 cm Freibord = 20 cm):

$$5\ \text{m} \times 3\ \text{m} \times 0{,}2\ \text{m} = 3\ \text{t Tragkraft}$$

Reicht das aus, so haben sie Glück gehabt. Ist dies nicht der Fall, so kann die Tragfähigkeit durch entsprechendes Fixieren weiterer Hohlkörper erhöht werden. Steht kein Boot zur Verfügung, müssen sie mit einem Floß das Auskommen finden.

Bevor Sie allerdings mit dem Bau eines Floßes beginnen, sind auch dazu einige Überlegungen anzustellen und Rechenaufgaben zu lösen.

Auswahl eines geeigneten Ortes zum Übersetzen

Folgende Kriterien sind zu beachten:

- Besteht eine Zugangsmöglichkeit zum Ufer?
- Eignet sich die Beschaffenheit des Ufers (Sumpf, Treibsand, Unterholz?)
- Gibt es Möglichkeiten zum Wassern und Beladen des Floßes?
- Ist die Entfernung zum Gegenufer zu bewältigen (meist wird die kürzeste Strecke zu suchen sein)?
- Wie ist die Beschaffenheit des gegenüberliegenden Ufers? Gibt es Möglichkeiten zum Anlegen und Entladen (bei Bedarf sind diese Details schwimmend zu erkunden)?
- Eventuelle Strömung einschätzen. Dieser Aspekt ist auch bei stehendem Gewässer zu prüfen, etwa durch Beobachtung eines hineingeworfenen Holzstückes.
- Ist das benötigte Baumaterial möglichst nahe der Übersetzstelle ausreichend auffindbar?

Auswahl und Berechnung des benötigten Baumaterials

Als Baumaterial ist alles geeignet, was schwimmt. Meist werden jedoch nur Holz oder geschlossene Hohlkörper (wie Kanister oder Fässer) zur Verfügung stehen. Der benötigte Bedarf wir folgendermaßen errechnet:

a) Trockenes Holz (Rundholz, Kantholz, Bretter)
Kubikmeter Holz: 5 = Tragkraft in Tonnen (Beispiel: Ein Floß, 5 m lang und 3 m breit, aus zwei Lagen von Baumstämmen zu 40 cm Durchmesser, hat die Tragkraft von circa 2 Tonnen: 5 m × 3 m × 0,8 m = 12 Kubikmeter Holz : 5 = 2,4 t).

b) Geschlossene Hohlkörper (Kanister, Fässer, Autoschläuche)
Inhalt in Litern minus Eigengewicht = Tragkraft in Kilo (Beispiel: Ein leeres 200-Liter-Benzinfaß mit einem Eigengewicht von 50 kg trägt 150 kg. Bei dieser Belastung ist das Faß allerdings völlig ins Wasser eingetaucht. Für Autoschläuche gelten folgende Anhaltswerte: Ein LKW-Schlauch mittlerer Größe trägt circa 50 kg, ein PKW-Schlauch circa 30 kg).

Die Tragkraft des Floßes sollte den tatsächlichen Bedarf um mindestens ein Drittel übersteigen, damit Freibord und Leistungsreserven gewährleistet sind. Die Bautechnik ist den vorhandenen Materialien anzupassen und differiert daher von Fall zu Fall. Ein »Patentrezept« für den Bau kann nicht geboten werden, doch ist grundsätzlich die elastische Verbindung der einzelnen Bauteile zum Ausgleich möglicher Wasserbewegungen einer starren vorzuziehen. Eine zusätzliche Fixierung des Wagens auf dem Floß ist sicherzustellen. Das Übersetzen mit einem Floß kann je nach den örtlichen und materiellen Gegebenheiten erfolgen durch:

- Ziehen (ein Seil wird am Gegenufer befestigt und das Floß daran hinübergezogen; Verwendung der Seilwinde möglich).
- Schieben (mit langen Stangen, am Grund eingesetzt; dies ist nur bei geringer Wassertiefe möglich).
- Rudern (auch mit Behelfen wie z.B. Brettern).
- Strömung (Fähreffekt): Dabei ist das Tragseil in Flußrichtung schräg zu spannen. Das Floß wird in dieses Tragseil eingehängt und durch die Strömung am Seil ans andere Ufer getrieben.

Skizze 32

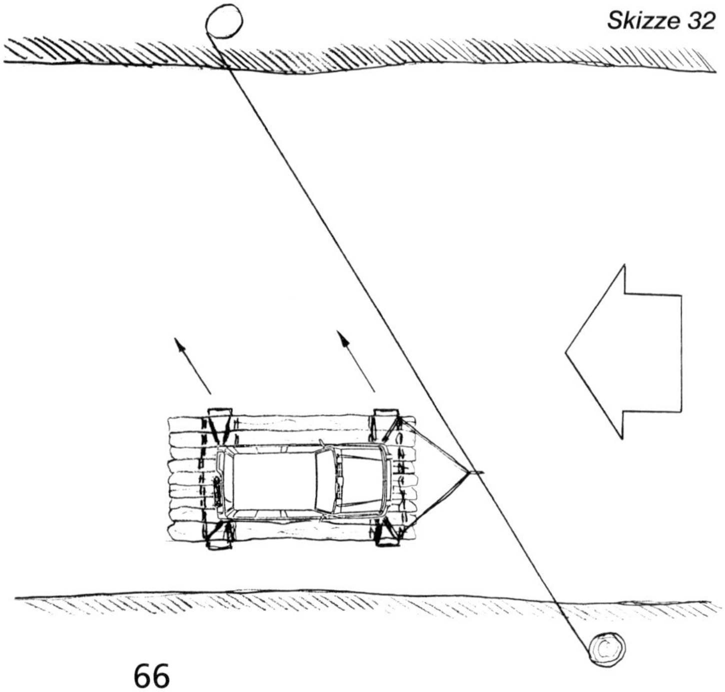

Berechnung der Abdrift

Um den passenden Start- und Anlegeplatz bei einer Überquerung finden zu können, ist es notwendig, die Strecke möglichst genau abschätzen zu können, die man im Zuge der Überquerung abgetrieben werden wird. Diese Strecke ist abhängig von der Breite des zu überwindenden Gewässers, der Strömungsgeschwindigkeit und der Geschwindigkeit des Übersetzenden.

Wie bestimmt man nun die Strömungsgeschwindigkeit? Markieren Sie Ihren Standort am Ufer und werfen Sie ein Stück Holz in das Gewässer – und zwar möglichst senkrecht zum Ufer. Wird das Holz abgetrieben, folgen Sie am Ufer einige Sekunden lang, stoppen die Zeit und markieren diesen Endpunkt Ihrer Beobachtung am Ufer. Messen Sie nun die Strecke zwischen dem Punkt, an dem Sie das Holz in den Fluß geworfen haben und jenem, an dem Sie die Stoppung beendet haben. Die gemessene Entfernung, geteilt durch die Anzahl der Sekunden, ergibt die Strömungsgeschwindigkeit in Metern pro Sekunde.

Ein Beispiel:

Gemessene Entfernung – 6 Meter
Dauer der Messung – 6 Sekunden

6 : 6 = 1

Das bedeutet, daß in unserem Beispiel die Strömungsgeschwindigkeit einen Meter pro Sekunde beträgt.

Machen Sie im praktischen Fall am besten drei Messungen und nehmen Sie dann den Mittelwert.

Die Geschwindigkeit beim Übersetzen ist selbstverständlich abhängig vom verwendeten Transportmittel und der verwendeten Technik, mit der dieses Transportmittel bewegt wird. Nehmen wir an, die Geschwindigkeit beim Übersetzen ist 0,5 Meter pro Sekunde – das wäre in etwa die Geschwindigkeit eines bekleideten Schwimmers. Nun wird die Abdrift nach folgender Formel berechnet:

Strömungsgeschwindigkeit in Metern pro Sekunde mal Flußbreite, dividiert durch die Geschwindigkeit des Übersetzens in Metern pro Sekunde = Abdrift

Ein Beispiel: Die Flußbreite ist – so haben wir mit einer der dargestellten Meßmethoden ermittelt – 40 Meter. Die Strömungsgeschwindigkeit liegt bei einem Meter pro Sekunde.

$$1 : 0{,}5 \times 40 = 20$$

Beim Überqueren werden Sie somit 20 Meter abgetrieben.

Bau einer Behelfsbrücke

Eine andere Möglichkeit, Gewässer oder tiefe Gräben zu überwinden, ist der Bau einer Behelfsbrücke. Dieser ist zwar sehr zeit- und materialaufwendig und -abhängig, ist jedoch manchmal die einzige Möglichkeit um weiterzukommen. Keine Frage, daß die Kenntnis dieser Hilfstechnik normale Off-Road-Anforderungen nicht mehr tangiert. Die hierzu erforderliche Spezialausrüstung wird nur derjenige mitnehmen, der auf seiner Tour von Anfang an entsprechende Hindernisse mit einplant, mit mehreren Fahrzeugen und Personen unterwegs ist und bereits handwerkliche Vorkenntnisse hat.

Als Baumaterialien werden im allgemeinen Baumstämme, Kantholz, Stangenholz, Pfosten und eventuell auch Bretter zur Verfügung stehen, als Verbindungsmittel meist Seile, Schnüre, Draht, vielleicht auch einmal Bauklammern, Nägel oder gar Schraubbolzen. Für den Bau selbst ist eine gründliche Erkundung der Gegebenheiten erforderlich. Dabei sollte nach folgenden Voraussetzungen gefragt werden:

1. Ist der Untergrund fest genug?
2. Art der Landanschlüsse (Geländeprofil)?
3. Wie breit ist das Hindernis
4. Wie hoch ist die Wassergeschwindigkeit und wie tief ist das Gewässer?
5. Was steht an Personen, Material und Zeit zur Verfügung?

Daraus ergibt sich dann der Schluß, ob ein Bau überhaupt möglich ist, bzw. die Festlegung der geeignetsten Bauform, eine Materialaufstellung und eine Abschätzung des Zeitbedarfs.

Die Tragfähigkeit einer Behelfsbrücke ist abhängig von den verwendeten Materialien und der erforderlichen Spannweite. Es kann daher keine allgemein gültige Grundregel erstellt oder genauere Anleitungen zur statischen Berechnung mitgegeben werden. Es empfiehlt sich, generell überzudimensionieren und die überspannten Abschnitte so kurz wie möglich zu halten.

Grundsätzlich können Behelfsbrücken in folgenden Bauformen errichtet werden:

a) Behelfsbrücken auf stehenden Unterstützungen
b) Behelfsbrücken auf schwimmenden Unterstützungen
c) Behelfsbrücken ohne Zwischenunterstützungen
d) Seilbrücken

a) Behelfsbrücken auf stehenden Unterstützungen

Sie bestehen aus: dem Überbau und seinen Unterstützungen.

Der Überbau ist der Teil, der das Hindernis überspannt. Er ist wieder aus den Tragebalken, den Querriegeln und dem Fahrbelag zusammengesetzt. Dabei ist es die Aufgabe der Tragebalken, die Lasten aufzunehmen und auf die Unterstützungen zu übertragen. Anzahl und Stärke richtet sich nach der Belastung, der Stützweite und nach der Fahrbahnbreite. Der Querriegel verbindet mehrere nebeneinander laufende Tragbalken. Einerseits übertragen und verteilen sie die Kräfte auf die Tragbalken, andererseits liegt auf ihnen meist der Fahrbelag auf.

Funktion des Fahrbahnbelages ist es, eine einheitliche Fahrfläche zu schaffen. Für den Belag können sowohl Pfosten, Bretter als auch Rundhölzer verwendet werden. Er wird meist parallel zur Brückenachse verlegt. Bei einzelnen Bauformen können die Tragbalken so dicht nebeneinander liegen, daß sie den Fahrbahnbelag ersetzen. In diesem Fall müssen die Querriegel dann unter den Tragbalken angeordnet werden.

Skizze 33
Überbau mit drei Tragbalken, Querriegel und Fahrbelag

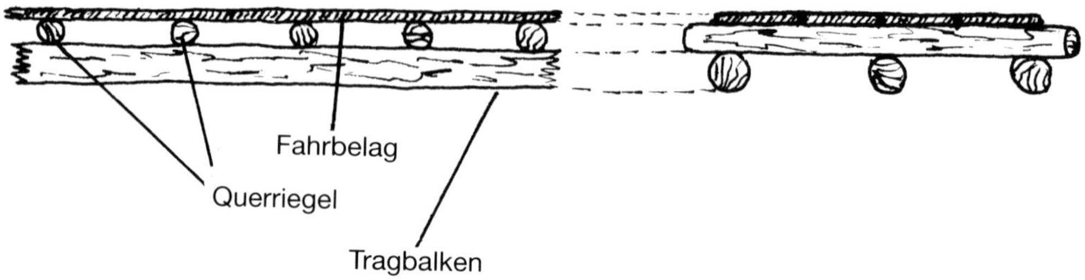

Skizze 34
Überbau mit Tragbalken (gleichzeitig Fahrbelag) und darunter angeordnete Querriegel

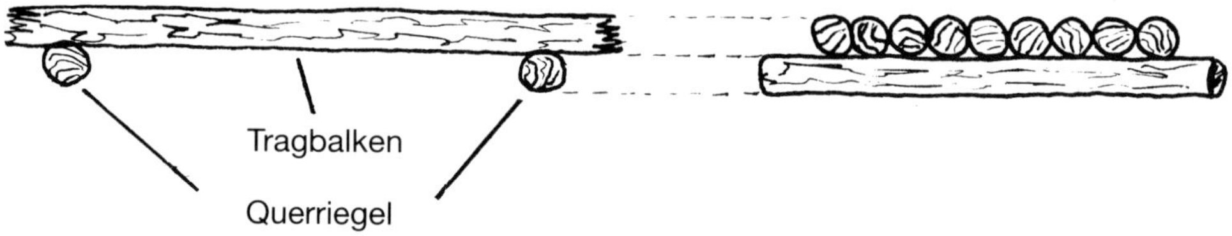

Bei den Unterstützungen ist zwischen End- bzw. Zwischenunterstützungen zu unterscheiden. Die Endunterstützung ist eine Landschwelle, die aus Rund- oder Kantholz besteht. Dieses wird im rechten Winkel zur Brückenachse eingebaut und mit Pflöcken fixiert.

Die Zwischenunterstützung kann aus stehenden (Böcke) oder schwimmenden (Boote, Fässer, Kanister, Holzstämme, Flöße oder ähnliches) Unterstützungen bestehen. Letztere sind im allgemeinen nur bis zu einer maximalen Fließgeschwindigkeit von 1 m/sec. verwendbar.

Nun einige Beispiele zum Bau von Böcken.

Der zweifüßige Bock

Er besteht aus den beiden schräg geneigten Bockfüßen, der Kappschwelle, der Sohlschwelle und den Verschwertungen. Die Stützhöhe dieses Bockes soll 5 m nicht überschreiten. Die Bockfüße sollen eine Neigung von 1:6 bis 1:8 haben, der Winkel der Verschwertung zur Sohlschwelle soll nicht über 50 Grad und nicht unter 25 Grad liegen. Die Einbauhöhe der Sohlschwelle soll maximal 30 cm betragen. Bei der verstärkten Bauausführung werden Kappschwelle und Sohlschwelle doppelt genommen.

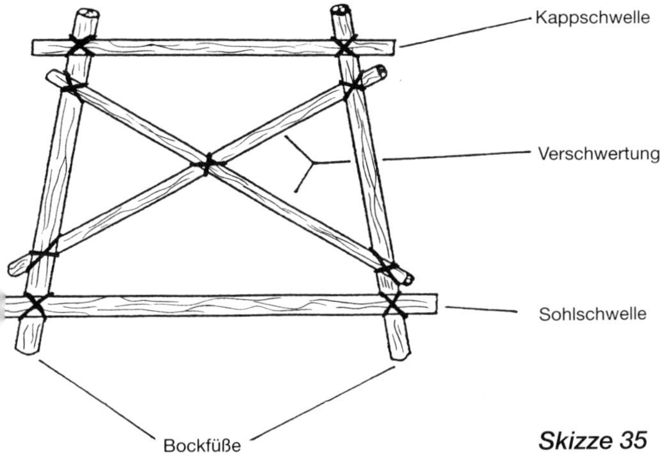

Skizze 35

Um die Standsicherheit zweifüßiger Böcke zu erhöhen, können hintereinander stehende Böcke bis zu max. 4 m Stützweite durch Längsverschwertung miteinander verbunden werden.

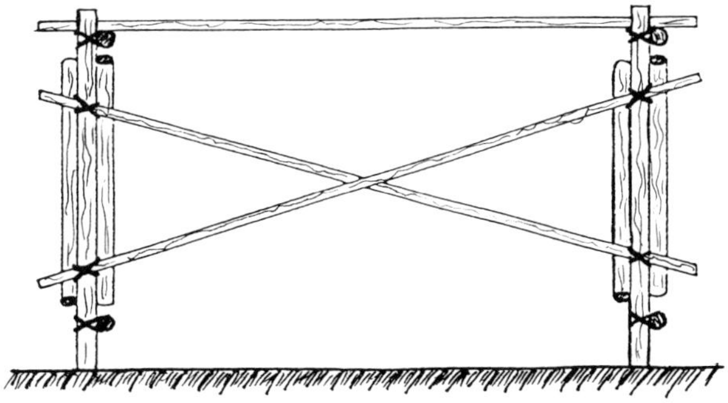

Skizze 36

Der vierfüßige Bock

Er wird durch zwei schräg zueinander gestellte, zweifüßige Böcke gebildet. Der Abstand der beiden Böcke am Fußende soll circa ein Drittel der Bockhöhe betragen und durch Längshölzer auf dem entsprechenden Abstand gehalten werden.

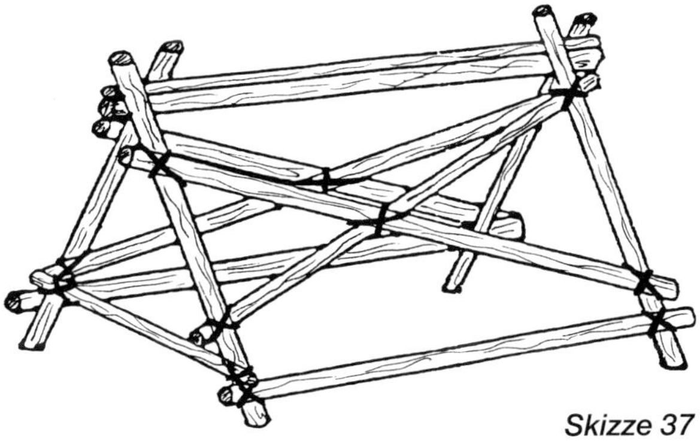

Skizze 37

Die Stützhöhe des Bockes kann bis zu 6 m betragen.

Der sechsfüßige Bock

Er besteht in seiner Grundausführung aus einem verstärkten zweifüßigen Bock, der durch das Anbringen von je zwei weiteren Fußpaaren eine zusätzliche Verstärkung sowie eine Erhöhung der Standsicherheit erhält.

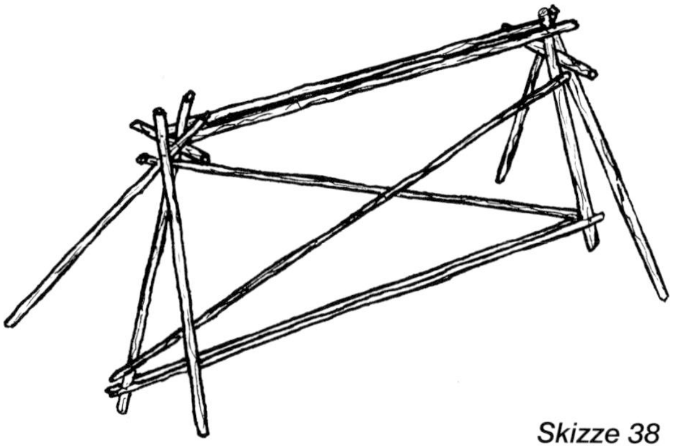

Skizze 38

Werden mehrere 2-, 4- oder 6-füßige Böcke hintereinander gebaut, dann empfiehlt sich das Anfertigen einer Bocklehre.

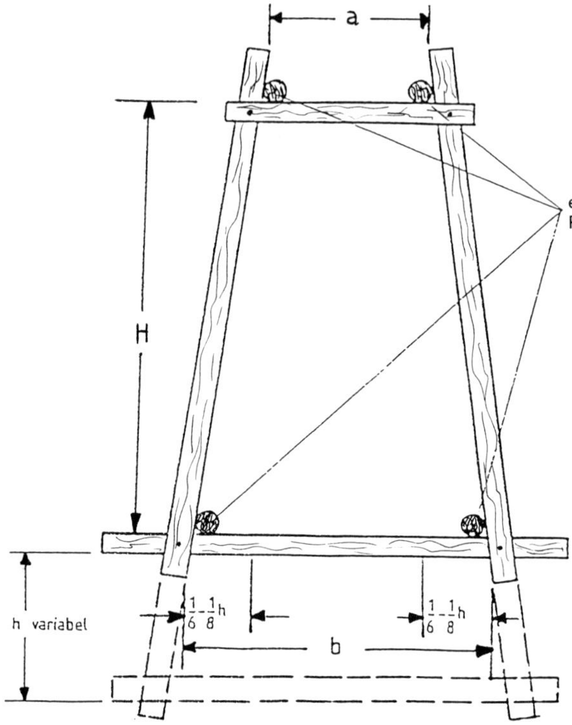

Skizze 39

Hierzu werden 4 Pflöcke gemäß Skizze eingeschlagen. Dies ergibt eine gleichmäßige Neigung der Bockfüße (1:6 oder 1:8) und eine gleichbleibende nutzbare Breite der Kappschwelle bei jedem der gebauten Böcke. Die tatsächlich erforderliche Stützhöhe kann variiert werden.

Der dreifüßige Kombibock

Er besteht aus zwei getrennt gebauten dreifüßigen Böcken, die am Fußende mit einem Verbindungsriegel zusammengeschlossen werden können. Die beiden Böcke werden so zueinander gestellt, daß jeweils eine Seite des Grunddreiecks parallel zur Brükkenachse steht. Der Abstand der beiden Böcke entspricht der nutzbaren Fahrbahnbreite. In der beabsichtigten Höhe wird auf beiden Böcken an den inneren Bockfüßen ein Längsriegel angebracht, auf dem dann eine oder zwei Kappschwellen befestigt werden.

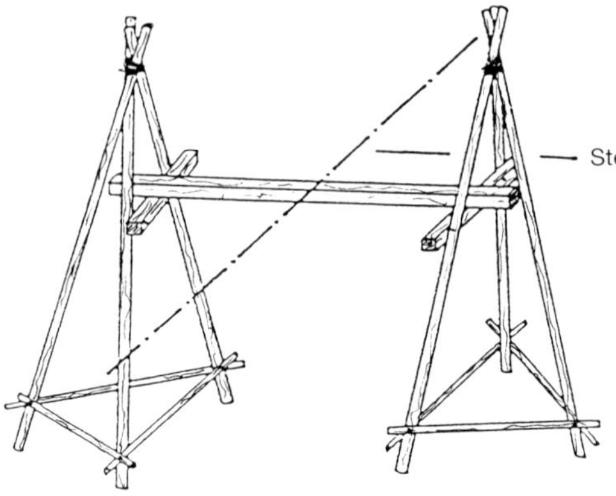

Skizze 40

Durch Einschalung der Seiten und anschließende Befüllung des Innenraumes mit Steinen wirkt der Bock wie ein Steinkasten (erforderlich bei höheren Wassergeschwindigkeiten).

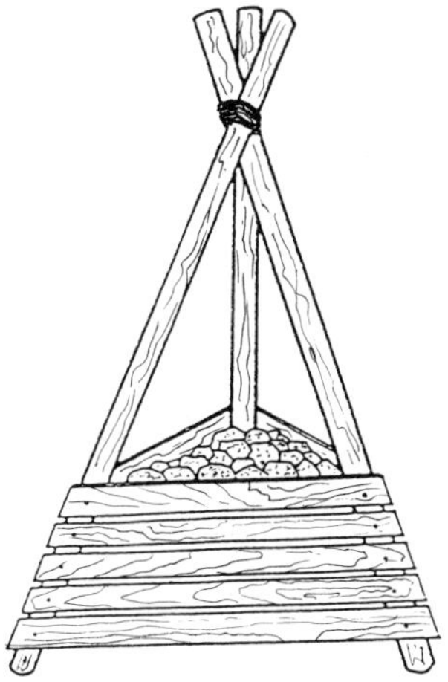

Skizze 41

Der Wildwasserbock
Dieser Bock eignet sich besonders gut für reißende und nicht allzu tiefe Gewässer. Er wird als schräger dreifüßiger Bock ausgeführt, wobei der schrägliegende Bockfuß, der auf Biegung beansprucht wird, wesentlich stärker dimensioniert werden muß. Die Kappschwelle wird gemäß der Skizze angebracht. Der durch befestigte Steine gesicherte Bock kann bei extremen Strömungsverhältnissen zusätzlich durch Seile gesichert werden.

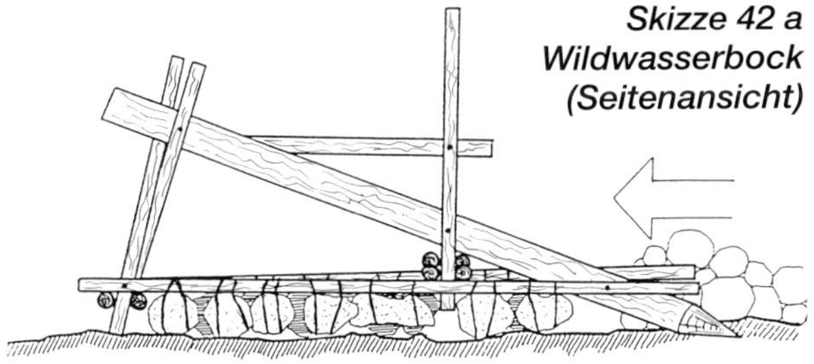

Skizze 42 a
Wildwasserbock (Seitenansicht)

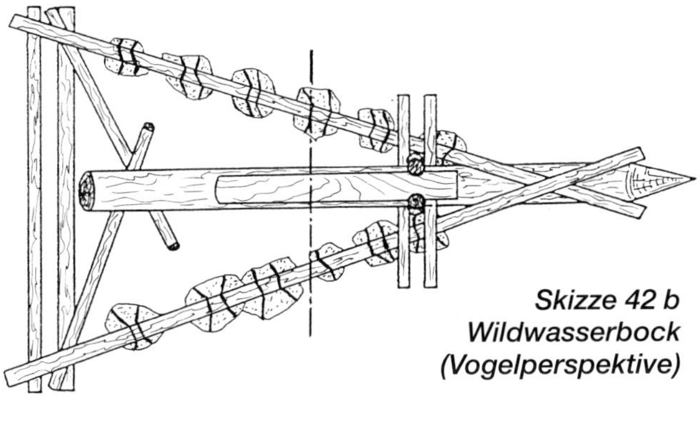

Skizze 42 b
Wildwasserbock (Vogelperspektive)

Der Steinbock
Unter geeigneten Voraussetzungen können aus Holz oder Maschendraht Körbe gebaut und mit Steinen gefüllt werden. Durch Übereinanderbauen mehrerer Körbe wird dann die erforderliche Stützhöhe erreicht. Dabei werden die einzelnen Körbe zunächst nur etwas beschwert im Wasser positioniert und erst dann mit Steinen aufgefüllt.

b) Behelfsbrücken auf schwimmenden Unterstützungen

Behelfsbrücken dieser Art besitzen als Zwischenunterstützungen Schwimmkörper. Der Überbau wird wie bei Behelfsbrücken auf stehenden Unterstützungen hergestellt. Einige Beispiele sollen mögliche Variationen des Bauprinzipes erläutern. Zur Berechnung der Tragfähigkeit siehe auch den Abschnitt »Bau eines Behelfsfloßes«.

Skizze 43
Aufwendige Konstruktion

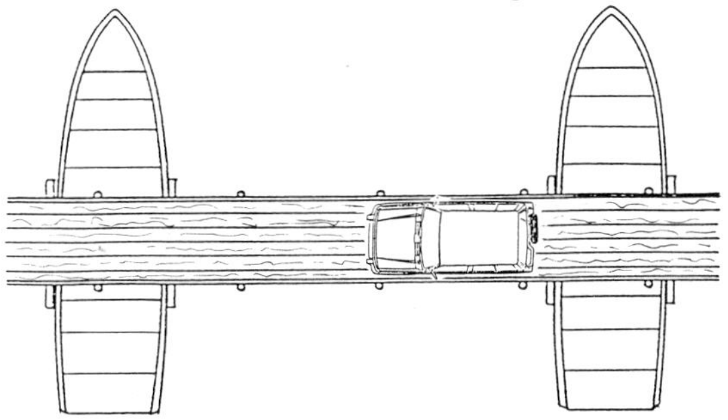

Die Bohlenbrücke
Sie besteht aus Querbohlen als Schwimmkörper und Längsbohlen, die den Fahrbelag bilden. Zur Erhöhung der Tragfähigkeit können an den Querbohlen zusätzliche Schwimmkörper (Kanister, Fässer, Autoschläuche) angebracht werden.

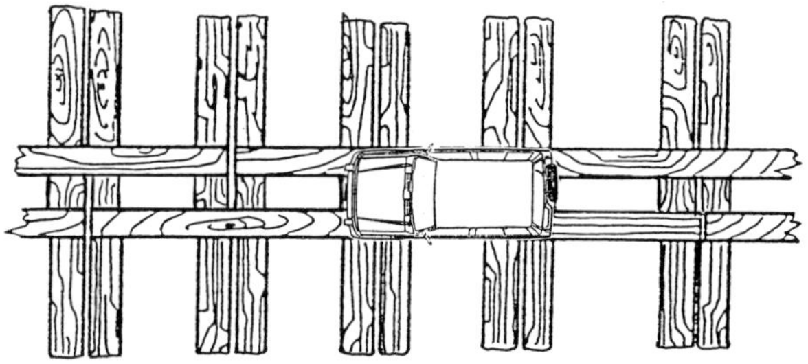

Skizze 44

Die Trägerbrücke

Starke Längsträger werden durch Querriegel verbunden. Darauf wird der Fahrbelag aus Bohlen montiert. Die Längsträger sind dabei zugleich die Schwimmkörper der Brücke. Ihre Tragfähigkeit kann bei Bedarf wie bei der Bohlenbrücke erhöht werden.

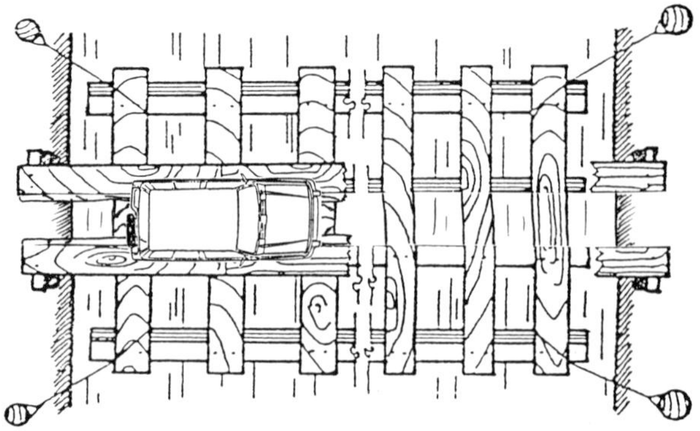

Skizze 45

Das Einbringen dieser Behelfsbrücken in das Gewässer erfolgt entweder durch Vorschieben oder Einschwenken.

Beim Vorschieben wird die Behelfsbrücke entweder in ihrer gesamten Länge zusammengebaut und dann im Ganzen über das Gewässer geschoben, oder sie wird im Zuge des Baues vorgeschoben.

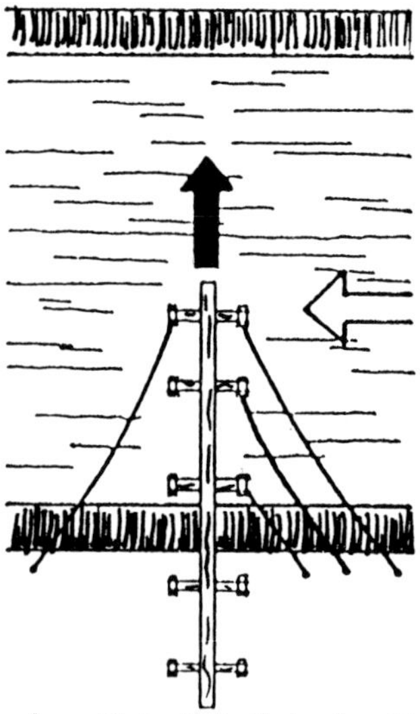

Skizze 46
Vorschieben einer Behelfsbrücke ins Gewässer

Beim Einschwenken wird die Brücke vorher parallel zum Ufer gebaut und anschließend unter Ausnützung der Strömung eingeschwenkt.

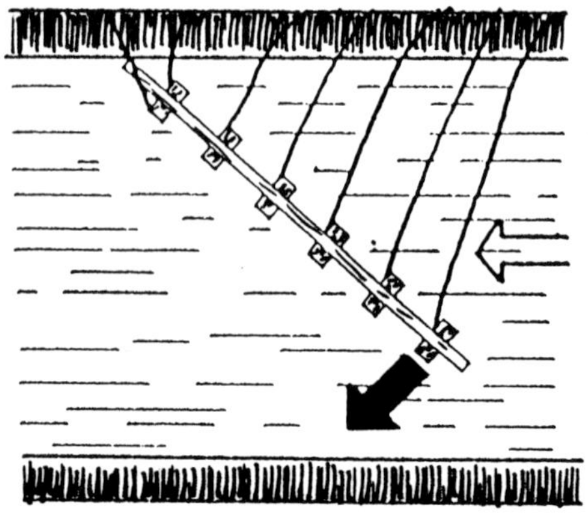

Skizze 47
Einschwenken einer Behelfsbrücke ins Gewässer

In beiden Fällen ist es wichtig, daß die Behelfsbrücken sowohl während des Einbringens als auch danach durch Verankerung mit Seilen gesichert werden.

c) Behelfsbrücken ohne Zwischenunterstützung

Diese Behelfsbrücken bestehen praktisch nur aus dem Überbau. Sie sind überall dort das richtige Hilfsmittel, wo aufgrund der geringen Baulänge eine Unterstützung nicht mehr erforderlich oder aufgrund der Gegebenheiten nicht möglich ist.

Als Trägerbalken werden entsprechend dimensionierte Kant- oder Rundhölzer verwendet. Das Vorbringen dieser Tragebalken zur jenseitigen Auflage kann dabei durch

Überschwenken,

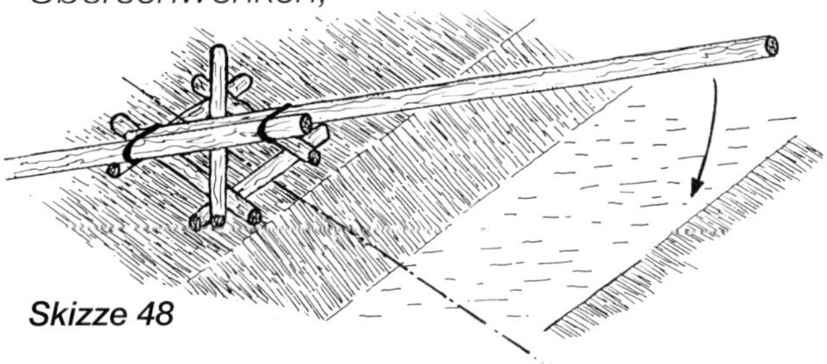

Skizze 48

Überschieben mit Ballast oder

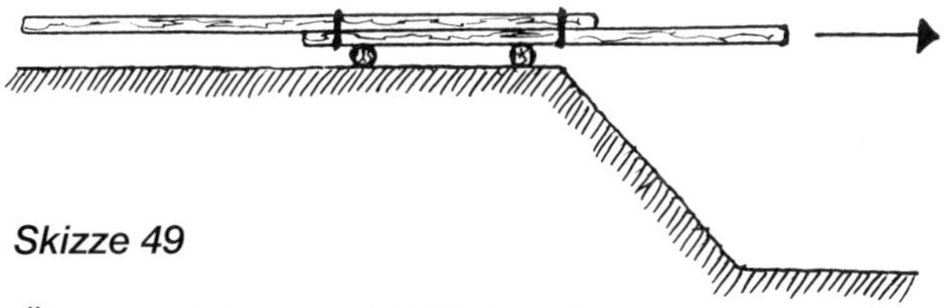

Skizze 49

Überschieben mit Hilfsbock

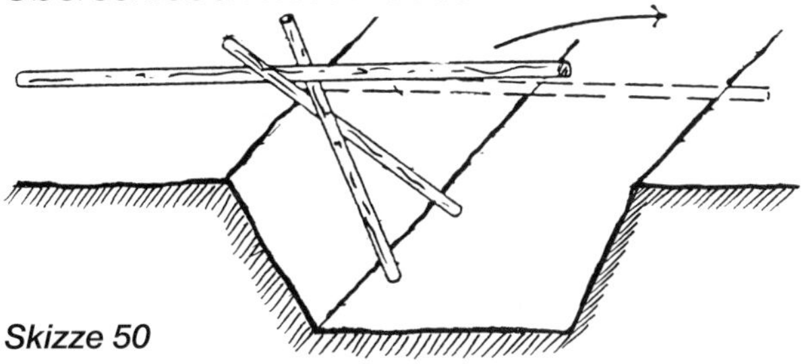

Skizze 50

erfolgen. Darauf werden dann die Querriegel und der Fahrbelag aufgebracht.

d) Seilbrücken

Seilbrücken können mit Hanf-, Kunststoff- oder Stahlseilen gebaut werden. Es ist darauf zu achten, daß aus Gründen gleichen Dehnungsverhaltens nur Tragseile und Hängeseile gleichen Materials verwendet werden.

Bezüglich der Reißfestigkeit ist auf das Kapitel »Das Bergen«, zu verweisen.

Seilbrücken können mit zwei oder auch nur einem Tragseil errichtet werden.

Seilbrücken mit zwei Tragseilen

Skizze 51

Die Tragseile werden auf zwei Randstützen gelegt und landwärts im Boden verankert (Möglichkeiten siehe Kapitel »Das Bergen«). Dabei können als Randstütze Böcke, Joche oder auch Bäume dienen. Ihre Höhe ist abhängig von der Spannweite der Brücke und von der Art der verwendeten Seile (Durchhang). Ein scharfes Knicken oder Quetschen der Seile ist zu vermeiden. Die Tragseile sind mit dem gleichen Neigungswinkel, den sie wasserwärts der Randunterstützungen zum Gegenufer haben, landwärts zur Verankerung weiterzuführen. Das Spannen kann mit Flaschenzug oder Seilwinde erfolgen.

Der Fahrbelag liegt auf Querriegeln, die mit Hängeseilen im Abstand von circa zwei Metern an den Tragseilen befestigt sind. Diese Querriegel sind circa 50 cm länger als der Abstand zwischen den Tragseilen. Die Befestigung erfolgt mit Knoten. Gegen Pendeln wird die Seilbrücke durch seitliches Verspannen gesichert.

Werden Seilbrücken mehrfach benutzt, dann kann ein Nachspannen der Tragseile erforderlich werden.

Seilbrücken mit einem Tragseil

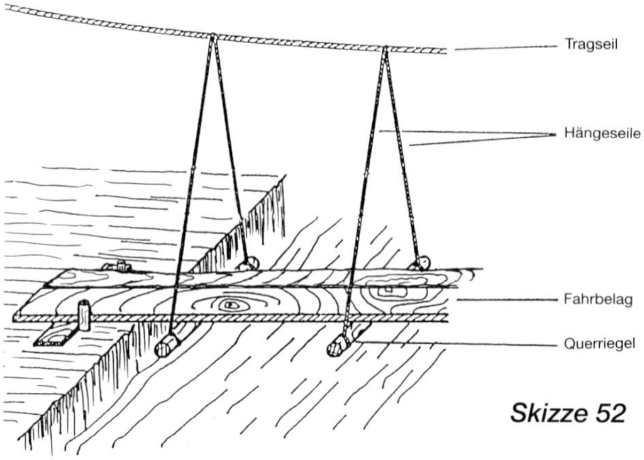

Skizze 52

Bei dieser Bauart wird nur ein Tragseil benötigt. Der Bauvorgang ähnelt der Bauweise mit zwei Tragseilen. Als Randstützen können allerdings auch 3-füßige Böcke verwendet werden. Besonders zu beachten ist dabei, daß

a) das Seil doppelt so stark belastet wird und daher eine entsprechende Tragfähigkeit haben muß,

b) bei der Verwendung eines 3-füßigen Bocks als Randstütze der Abstand zum Fahrbahnbeginn groß genug sein muß, um ein Einfahren auf die Brücke zu ermöglichen,

c) das Tragseil sehr hoch gespannt sein muß, um auch am tiefsten Punkt des Durchhanges einen ausreichenden Abstand zur Fahrbahn aufzuweisen,

d) die Querriegel so breit sein müssen, daß die nach oben zusammenlaufenden Hängeseile auch in Höhe des Autodaches noch den erforderlichen Abstand aufweisen. Bei Bedarf kann das durch Einbinden von Distanzriegeln in der entsprechenden Höhe sichergestellt werden.

Das Bergen

Abseits der Straße ergeben sich hin und wieder Situationen, in denen auch das beste Auto, die beste Fahrtechnik und auch alle bisher besprochenen Tricks und Hilfsmittel nicht mehr weiterhelfen – man sitzt fest! Hier helfen schließlich nur noch Bergetechniken. Darunter sind alle jene Maßnahmen zu verstehen, die nötig sind, ein Fahrzeug wieder auf festen, zumindest einigermaßen befahrbaren Boden zu bringen.

Der Erfolg einer Bergung hängt nicht nur von Geschicklichkeit, Erfindungsgeist, Improvisationstalent und logischem Denkvermögen, sondern auch von der Kenntnis physikalischer Grundsätze, einfacher Rechenformeln sowie von in vielen Notsituationen bewährten Praktiken ab. Mit diesen Kenntnissen und ihrer richtigen Anwendung wird bei anstehenden Bergearbeiten immer ein Höchstmaß an Sicherheit und Effizienz gewährleistet sein. Alle dafür notwendigen Voraussetzungen soll der nachfolgende Abschnitt vermitteln.

Widerstände

Es ist klar, schon zum Bewegen eines festgefahrenen Fahrzeugs oft große Widerstände überwunden werden müssen. Je nach Situation und gewähltem Bergeverfahren können das sein:

Fahrzeuggewicht
Bezüglich des Fahrzeuggewichtes ist zu berücksichtigen, daß zu dem in den Fahrzeugpapieren angegebenen Leergewicht noch das Gewicht der Ladung und des Treibstoffes hinzugerechnet werden muß.

Rollwiderstand
Er entsteht durch Formänderungsarbeit an den Reifen und an der Fahrbahn und hängt somit ganz besonders von der Bodenbeschaffenheit und dem Fahrzeuggewicht ab. Er kann einschließlich Sicherheitszuschlag nach Tabelle 2 errechnet oder aus Tabelle 3 als Richtwert entnommen werden.

Rollwiderstand	
Art des Untergrundes	Widerstand der Zuglast
Straße	Fahrzeuggewicht : 50
Gras	Fahrzeuggewicht : 10
Schotter	Fahrzeuggewicht : 5
lockerer Sand und Ackerboden	Fahrzeuggewicht : 3
Schlamm bis zur Radachse	Fahrzeuggewicht × 1
Schlamm bis zum oberen Rand der Räder	Fahrzeuggewicht × 2
Schlamm bis zur Ladefläche	Fahrzeuggewicht × 3

Tabelle 2

Rollwiderstand (in t) Richtwerte für verschiedene Fahrzeugtypen							
Kfz-Type	Art des Untergrundes						
					Schlamm bis		
	Straße	Gras	Schotter	Sand/ Ackerboden	zur Radachse	oberer Rand der Räder	zur Ladefläche
PKW	0,02	0,09	0,18	0,23	0,90	1,80	2,70
Kleinbus	0,03	0,23	0,30	0,38	1,50	3,00	4,50
Geländewagen	0,04	0,20	0,40	0,50	2,00	4,00	6,00
Klein-LKW	0,08	0,39	0,78	0,98	3,90	7,80	11,70

Tabelle 3

Steigungswiderstand

Der Steigungswiderstand entsteht durch Bewegen eines Fahrzeuges über eine Steigung und ist abhängig von Fahrzeuggewicht und Steigungswinkel. Der Steigungswiderstand kann aus Tabelle 4 entnommen oder mit folgender Formel errechnet werden:

$$\text{Steigungswiderstand} = \frac{\text{Fahrzeuggewicht}}{60} \times \text{Steigung in Grad}$$

Für diese Berechnung muß vorher der Steigungswinkel geschätzt oder gemessen werden, wie es im Kapitel »Hilfstechniken zum Fahren im Gelände« beschrieben wird.

Steigungswiderstand (in t) Richtwerte für verschiedene Fahrzeugtypen							
Kfz-Type	Steigung						
	5°	10°	20°	30°	40°	50°	60°
PKW	0,08	0,15	0,30	0,45	0,60	0,75	0,90
Kleinbus	0,13	0,25	0,50	0,75	1,00	1,25	1,50
Geländewagen	0,18	0,37	0,73	1,10	1,47	1,83	2,20
Klein-LKW	0,33	0,65	1,30	1,95	2,60	3,25	3,90

Tabelle 4

Aufrichtwiderstand

Der Aufrichtwiderstand ist bei umgestürzten Fahrzeugen zu überwinden und wird folgendermaßen errechnet:

$$\text{Aufrichtwiderstand} = \frac{\text{Fahrzeuggewicht}}{2}$$

Seilrollenwiderstand

Sind bei einer Bergetechnik Seilrollen zu verwenden, so entsteht durch die Reibung in ihren Lagern und durch Reibung des Zugseiles auf der Seilrolle ein zusätzlicher Widerstand. Für die Berechnung gilt folgende Formel:

$$\text{Seilrollenwiderstand} = \frac{\text{Widerstand der Zuglast}}{10} \times \text{Anzahl der Seilrollen}$$

Hierzu ein Beispiel: Leistet das zu bergende Fahrzeug einen Widerstand von einer Tonne und werden drei Seilrollen verwendet, dann ergibt sich:

$$\frac{1\ t}{10} \times 3 = 100\ kg \times 3 = 300\ kg$$

Gesamtwiderstand
Der Gesamtwiderstand entspricht in der Regel dem Widerstand der Zuglast plus – bei der Verwendung von Seilrollen – dem Seilrollenwiderstand. Nur beim Aufrichten eines umgestürzten Fahrzeuges deckt sich der Gesamtwiderstand mit dem Aufrichtewiderstand, wobei ein eventueller Seilrollenwiderstand ebenfalls zu berücksichtigen ist.

Der Gesamtwiderstand kann sich während der Bergung durch Änderung des Roll- beziehungsweise des Steigungswiderstandes ändern. Es ist daher der größtmögliche Widerstand zu berechnen und in die Überlegungen einzubeziehen.

Roll- und Steigungswiderstand können verringert werden, wenn das zu bergende Fahrzeug mit eigener Motorkraft bei der Überwindung dieser Widerstände mithelfen oder zumindest in der eigenen Spur geborgen werden kann.

Verringerung des Roll- und Steigungswiderstandes			
Widerstand in (t)	Ohne Motorhilfe in eigener Spur 10%	Mit Motorhilfe in neuer Spur 40%	Mit Motorhilfe in eigener Spur 50%
1	0,9	0,6	0,5
2	1,8	1,2	1,0
3	2,7	1,8	1,5
4	3,6	2,4	2,0
5	4,5	3,0	2,5
6	5,4	3,6	3,0
7	6,3	4,2	3,5
8	7,2	4,8	4,0
9	8,1	5,4	4,5
10	9,0	6,0	5,0
20	18,0	12,0	10,0

Tabelle 5

Der Hebel und seine Anwendung

Grundsätzlich kann ein festsitzendes Fahrzeug im Zuge einer Bergung in zwei Richtungen bewegt werden. Entweder senkrecht durch Heben oder mehr oder weniger waagrecht durch Ziehen. Die Zugtechniken werden im Kapitel »Die Seilrolle und ihre Anwendung« beschrieben.

Das Heben
Jedes Fahrzeug führt ein Gerät mit, das eigens für diesen Zweck konstruiert wurde: den Wagenheber! Es gibt ihn in den verschiedensten Formen und Größen; seine Anwendung ist so gebräuchlich und überdies in jeder Betriebsanleitung zu finden, daß hier nur auf drei besonders wichtige Dinge hingewiesen werden soll:

1) Sichern Sie vor dem Hochwinden das Fahrzeug vor (unbeabsichtigtem) Wegrollen oder Rutschen (Handbremse, Unterlegen von Steinen, Holz oder ähnlichem).

2) Schaffen Sie bei weichem Untergrund für den Wagenheber eine entsprechend grosse Unterlage (Steinplatte, Holz), um sein Einsinken zu verhindern (bei Luftkissen nicht erforderlich).

3) Reicht die Hubhöhe nicht aus, kann die benötigte Höhe in mehreren Arbeitsgängen durch Aufbocken des Fahrzeugs und/oder eine Erhöhung der Unterlagsfläche für den Wagenheber erreicht werden. Diese Methode ist nicht nur auf den Einsatz eines Wagenhebers beschränkt, sondern gilt auch für alle anderen Hebetechniken.

Steht Ihnen jedoch aus irgendeinem Grund kein Wagenheber oder Luftkissen zur Verfügung oder reicht dessen Wirkung nicht aus, bleibt als letztes, aber äußerst praktikables Mittel die Verwendung des archaischen Hebels. Um ihn in der Praxis richtig anwenden zu können, müssen wir uns allerdings kurz mit seinen physikalischen Grundlagen auseinandersetzen.

Das Hebelprinzip
Der Hebel ist eine einfache mechanische Vorrichtung, mit dessen Hilfe Kraft in Arbeit umgewandelt wird. Das der Verwendung eines Hebels zugrunde liegende Prinzip besagt, daß eine auf einen großen Hebelarm wirkende kleine Kraft über einen kleinen Hebelarm eine große Last bewegen kann. In seiner einfachsten Form besteht der Hebel aus einer Stange, die um einen festen Punkt drehbar ist. Wirkt nun eine Kraft auf das Ende des Hebels, dann dreht sich dieser um den Drehpunkt. Wird auf das andere Hebelende eine Last gebracht, dann wird diese als Widerstand der am anderen Hebelarm wirkenden Kraft entgegengesetzt.

Der mechanische Vorteil eines Hebels besteht also immer im Verhältnis der Länge seines Kraftarmes zu der seines Lastarmes. Der in der Abbildung dargestellte Hebel hat einen Kraftarm von 4 Meter Länge und einen Lastarm von 2 Metern; der mechanische Vorteil dieses Hebels beträgt also 2:1. Soll nun die Last bestimmt werden, die mit Hilfe dieses Hebels bewegt werden kann, dann ist die zur Verfügung stehende Kraft mit dem jeweils gegebenen mechanischen Vorteil zu multiplizieren. Steht also eine Kraft von 50 kg zur Verfügung, so kann bei einem mechanischen Vorteil von 2:1 ein Gewicht von 100 kg bewegt werden.

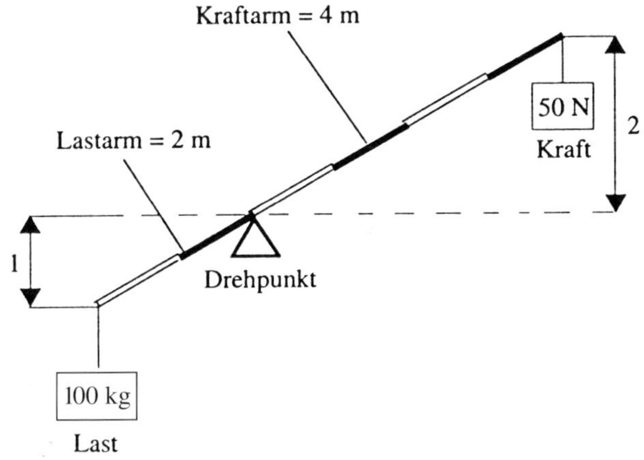

Skizze 53

Der mechanische Vorteil eines Hebels kann auch unter Anwendung der Goldenen Regel der Mechanik (»Was an Kraft gewonnen wird, geht an Weg verloren«) bestimmt werden.

Einteilung der Hebel

Die Hebel werden entsprechend den Angriffspunkten für Kraft und Last sowie nach Lage des Drehpunktes eingeteilt.

a) Einarmige Hebel

Die Drehachse führt durch einen Endpunkt des Hebels, oder – anders ausgedrückt – der Angriffspunkt für die Last liegt irgendwo zwischen dem Angriffspunkt für die Kraft und dem Drehpunkt. Das beste Beispiel eines einarmigen Hebels im täglichen Leben ist der Schubkarren.

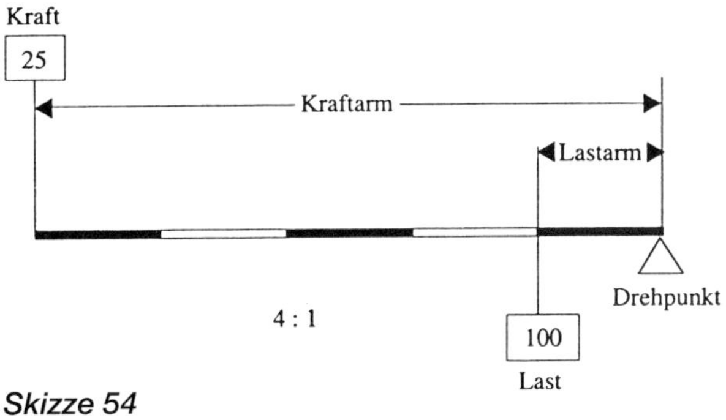

Skizze 54

b) Zweiarmiger oder zweiseitiger Hebel

Hier geht die Drehachse nicht durch einen Endpunkt des Hebels, oder – anders ausgedrückt – der Drehpunkt befindet sich zwischen den Angriffspunkten für die Kraft und für die Last. Diese Hebelart findet man im täglichen Leben beispielsweise in Form von Scheren und Zangen. Eine Abart des zweiarmigen Hebels ist der Winkelhebel, der dieselben Eigenschaften wie dieser hat. Er ist ebenfalls eine feste Stange, jedoch dem beabsichtigten Verwendungszweck entsprechend geformt. Er findet im täglichen Leben beispielsweise bei der Brechstange Anwendung, die an einem Ende abgewinkelt ist, damit sie besser bei der Last angesetzt werden kann.

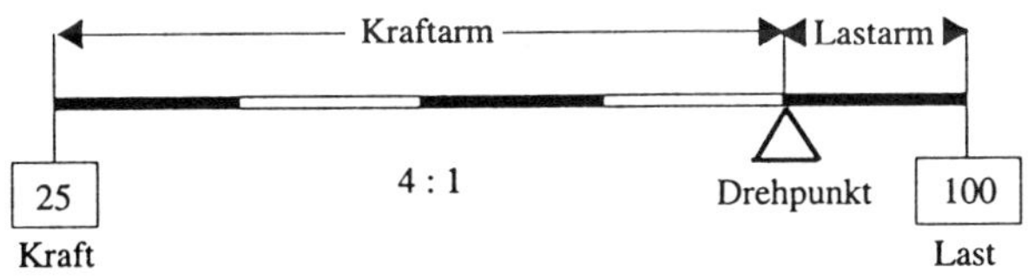

Skizze 55

Die Anwendung von Hebeln

In der Praxis wird die Hebeltechnik immer dort zielführend sein, wo durch Arbeiten unter dem Fahrzeug oder durch geringfügiges seitliches Versetzen dieses wieder flottgemacht werden kann. Die Bandbreite dieser Arbeiten erstreckt sich vom Unterlegen von Traktionshilfen unter durchdrehende Räder oder dem Auffüllen von Löchern und Gräben unter eingebrochenen Rädern über das Entfernen von Hindernissen bis hin zum seitlichen Versetzen aus einer rutschigen in eine griffige Spur oder aus einer Längsrille auf ebenen Boden.

Da die Technik den jeweiligen Gegebenheiten angepaßt werden muß, sind Ihrer Improvisationskunst keine Grenzen gesetzt. Folgende allgemeine Punkte sind jedoch zu beachten:

- Als Material für den Hebel ist alles geeignet, was lang genug ist, um den erforderlichen mechanischen Vorteil sicherzustellen, und stark genug, diese mechanischen Belastungen auch auszuhalten. Holz- und Eisenstangen, Balken, Pfähle, Baumstämme oder ähnliches sind meist gut geeignet; Rohre können zur Erhöhung der Festigkeit auch mit Sand oder dergleichen gefüllt und beidseitig verschlossen werden.
- Die Länge des Hebels sollte zwischen zwei und fünf Metern betragen. Der Drehpunkt beziehungsweise die Last sollte, je nach Hebelart, nicht weiter als 50 cm vom Endpunkt entfernt liegen. Das sichert im schlechtesten Fall einen mechanischen Vorteil von 3:1.
- Der Ansatzpunkt am Fahrzeug ist so zu wählen, daß ein Abrutschen verhindert und Beschädigungen vermieden werden. Der Fahrzeugrahmen ist dazu besonders geeignet.
- Verhindern Sie durch entsprechenden Untergrund oder Unterlagen ein Einsinken des Hebels am Drehpunkt und damit einen Wirkungsverlust.
- Erhöhen Sie bei Bedarf die Effizienz am Kraftarm durch zusätzliches Beschweren desselben (Steine, Rucksack, Reserverad und so weiter). Jedes Kilogramm multipliziert sich entsprechend dem mechanischen Vorteil.
- Achten Sie beim seitlichen Versetzen (Anheben und seitlich Wegkippen lassen) darauf, daß die Hubhöhe nicht größer als unbedingt erforderlich ist. Bei Bedarf empfehlen sich mehrere Arbeitsgänge. Ihr Auto wird Ihnen diese Rücksichtnahme danken.
- Sichern Sie bei Arbeiten unter dem Wagen diesen gegen Wegrutschen oder Abkippen durch behelfsmäßiges Aufbocken.
- Sind Sie allein, dann können Sie den Kraftarm des Hebels durch Anbinden (Baum, Fels) oder Beschweren für die Dauer der erforderlichen Arbeit fixieren.

Skizze 56
Anwendungsprinzipien des Hebels

Die Seilrolle und ihre Anwendung

Ist eine Hebeltechnik nicht anwendbar oder erscheint sie nicht zielführend, werden Zugtechniken die Mittel der Wahl sein.

Dabei finden sowohl einarmige als auch zweiarmige Hebel in Form von Seilrollen Verwendung. Der Vorteil einer Seilrolle gegenüber einem gewöhnlichen Hebel besteht darin, daß mit der Seilrolle eine ständige (kontinuierliche) Hebelwirkung über die ganze Seillänge erzielt wird, da sich die Seilrolle um ihre Achse dreht; die Seilrolle ist demnach ein rotierender Hebel.

Seilrollen bestehen jeweils aus einem Gehäuse, in dem mittels Drehbolzen eine oder mehrere Seilscheiben drehbar gelagert sind. Das Seilrollengehäuse ist mit einer Öse oder einem Haken versehen, mit deren Hilfe es befestigt (verankert) werden kann.

Seilrollen werden nach ihrer Verwendung, nach ihrer Ausführung, nach der Anzahl der verwendeten Seilscheiben, nach dem Durchmesser ihrer Seilscheibenkerbung und nach ihrer Belastbarkeit eingeteilt.

Einteilung nach Verwendung

a) Feste Rollen
Eine Seilrolle, die an einem festen Punkt befestigt ist, nennt man feste Rolle oder Umlenkrolle. Feste Rollen ändern lediglich die Zugrichtung des Seiles und ergeben keinen mechanischen Vorteil.

b) Bewegliche Rollen
Wird eine Seilrolle an der zu bewegenden Last selbst befestigt und bewegt sie sich demnach mit dieser mit, dann spricht man von einer beweglichen Rolle, die einen mechanischen Vorteil von 2:1 ergibt.

Diese beiden Definitionen haben eine Ausnahme: Die feste Rolle ergibt unter Umständen auch einen mechanischen Vorteil, und zwar dann, wenn sie in einem Flaschenzug verwendet wird, bei dem sich das Zugmittel (Zugkraft) auf der Last selbst befindet. Dies trifft beispielsweise dann zu, wenn sich ein mit einer Seilwinde ausgestattetes Fahrzeug selbst aus dem Schlamm herauszieht. Das Windenseil wird in diesem Fall ausgezogen, durch eine entsprechend verankerte Umlenkrolle geführt und dann am Fahrzeug selbst befestigt: Jetzt ergibt auch die feste Rolle einen mechanischen Vorteil von 2:1

Einteilung nach der Ausführung

a) Gewöhnliche Seilrollen
Seilrollen, deren Gehäuse nicht geöffnet werden kann, so daß das Seil eingeschert (»eingefädelt«) werden muß, nennt man gewöhnliche Seilrollen; sie werden meist zusammen mit Hanfseilen verwendet.

b) Klappseilrollen
Seilrollen, deren Gehäuse zum Einlegen des Seiles aufgeklappt werden kann, bezeichnet man als Klappseilrollen. Man erkennt sie an ihrem Scharnier und der einseitigen Halteöse. Klappseilrollen werden vornehmlich zusammen mit Drahtseilen verwendet, die an ihren Enden bereits mit Befestigungsvorrichtungen versehen sind und daher in gewöhnliche Seilrollen nicht eingeschert werden können.

Einteilung nach der Anzahl der verwendeten Seilscheiben
Seilrollen werden auch noch in einfache, doppelte, dreifache – und so weiter – Seilrollen beziehungsweise Klappseilrollen eingeteilt, je nachdem, ob sie aus ein, zwei, drei oder mehr einzelnen Seilscheiben bestehen.

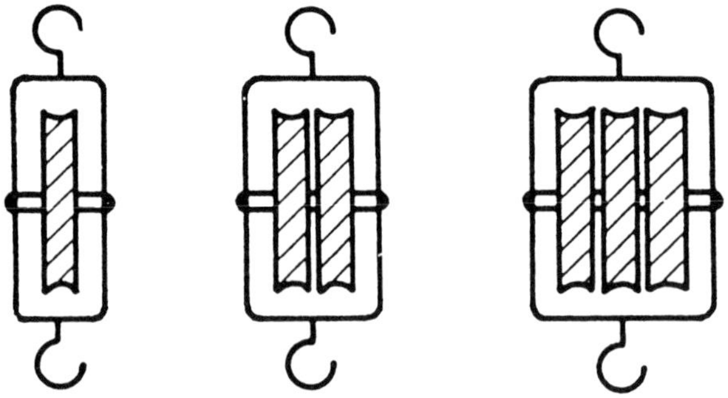

Skizze 57

Einteilung nach dem Durchmesser der Seilscheibenkerbung und nach Belastbarkeit
Eine Seilrolle kann beispielsweise folgende Bezeichnung führen: »Klappseilrolle, Drahtseil, einfach, 12-Zoll-Scheibe, 1 1/4-Zoll Seildurchmesser, 90 t«. In diesem Fall handelt es sich also um eine Klappseilrolle mit einer Seilscheibe, deren Durchmesser 12 Zoll beträgt und deren Kerbe einen Durchmesser hat, der die Verwendung eines 1 1/4-Zoll starken Drahtseils verlangt. Außerdem hat diese Seilrolle eine Belastbarkeit von 90 Tonnen.

Mit dieser Klappseilrolle darf also nur ein Drahtseil mit dem vorgeschriebenen Durchmesser von 1 1/4-Zoll verwendet werden. Bei der Verwendung eines Seiles mit geringerem Durchmesser würde dieses in der zu breiten Seilscheibenkerbe plattgedrückt und damit beschädigt werden. Andererseits würde ein Drahtseil mit größerem Durchmesser nicht zu Gänze in die Seilscheibenkerbe eingreifen, so daß die Kanten der Seilscheibe in das Drahtseil einschneiden und dieses ebenfalls beschädigen. Es muß also zusammen mit Seilscheiben immer auch ein Seil der vorgeschriebenen Stärke verwendet werden, wenn man Beschädigungen des Seiles vermeiden will.

Der mechanische Vorteil der beweglichen Seilrolle

Es wurde bereits festgestellt, daß die Seilrolle nichts anderes ist als eine andere Form des gewöhnlichen Hebels. Außerdem wurde schon erläutert, daß feste Rollen niemals – von einer Ausnahme abgesehen –, bewegliche Rollen hingegen immer einen mechanischen Vorteil abgeben.

Eine feste Rolle entspricht im allgemeinen einem zweiarmigen Hebel und zwar deswegen, weil das Seil von der Kraftquelle (Zugkraft) kommend auf der einen Seite der Rolle aufläuft, sich sodann um die Rolle herum anlegt und auf der anderen Seite der Rolle zum Widerstand (Last) zurückläuft. Der Drehbolzen, um den sich die Seilscheibe dreht, stellt den Drehpunkt des »Hebels« dar, während Kraftarm und Lastarm dem Seilscheibenradius entsprechen. Da der mechanische Vorteil eines Hebels durch das Verhältnis der Länge des Kraftarmes zur Länge des Lastarmes bestimmt wird und nun bei der Seilscheibe der Radius auf beiden Seiten gleich ist (das heißt also: Kraftarm = Lastarm), ergibt sich ein Verhältnis von 1:1, so daß kein mechanischer Vorteil gegeben ist.

der Lastarm aber nur dem Seilscheibenradius entspricht. Der Kraftarm ist demnach doppelt so lang wie der Lastarm, so daß sich ein mechanischer Vorteil von 2:1 ergibt.

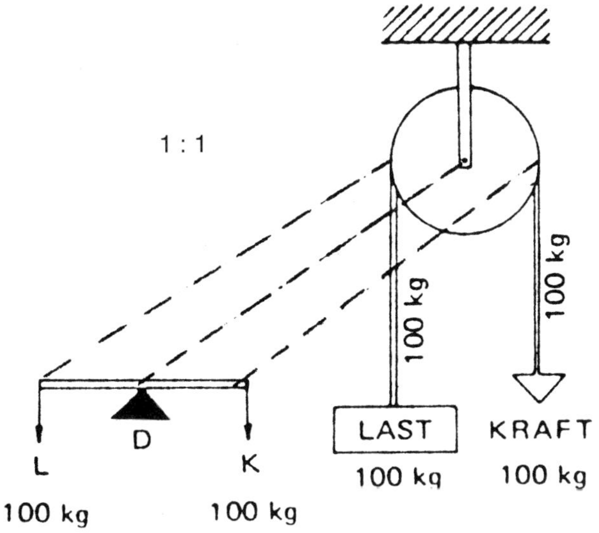

Skizze 58
Feste Rolle

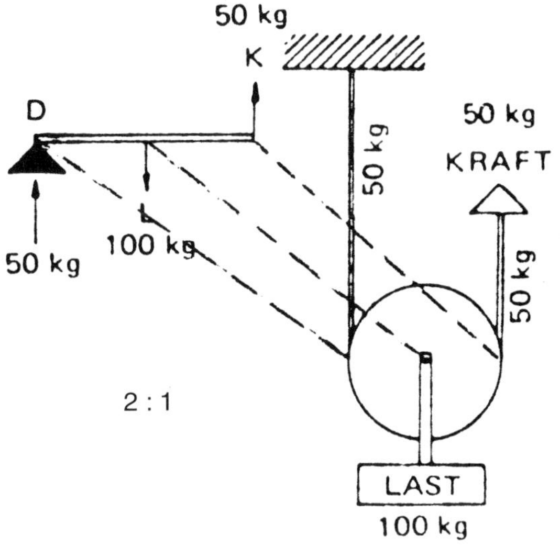

Skizze 59
Bewegliche Rolle

Bei einer beweglichen Rolle verhält es sich wesentlich anders: Die Rolle ist jetzt an der zu bewegenden Last selbst befestigt und bewegt sich mit dieser; sie entspricht nun dem einarmigen Hebel. Der Drehpunkt befindet sich nicht mehr in der Seilscheibenmitte (Drehbolzen), wie bei den festen Rollen, sondern an der Seilscheibenkante. Der Angriffspunkt liegt einerseits in der Seilscheibenmitte (Drehbolzen), während die Zugkraft an der anderen Seilscheibenkante zur Wirkung kommt. Die bewegliche Rolle ist also zum einarmigen Hebel geworden, bei dem der Drehpunkt an einer Seilscheibenkante liegt, der Kraftarm dem Seilscheibendurchmesser,

Bei dem Ausnahmefall, bei dem die feste Rolle ebenfalls einen mechanischen Vorteil abgibt, wenn das Zugmittel (Zugkraft) auf der zu bewegenden Last selbst angeordnet ist, trifft die gleiche Anordnung von Drehpunkt, Kraft- und Lastarm zu wie bei der beweglichen Rolle.

Der Flaschenzug und seine Anwendung

Ein Flaschenzug besteht aus einem oder mehreren Seilen und aus einer oder mehreren Seilrollen; er dient zur Erzielung eines mechanischen Vorteils beim Ziehen oder Heben von Lasten – wie eben bei der Bergung von Fahrzeugen. Auch beim Flaschenzug findet das Hebelprinzip Anwendung, wonach eine auf einen großen Hebelarm wirkende kleine Kraft über einen kleineren Hebelarm eine große Last bewegen kann.

Die im Flaschenzug verwendeten Seilrollen können als bewegliche Rollen zur Erzielung des gewünschten mechanischen Vorteils beitragen oder als feste Rolle zum bloßen Umlenken des Seiles dienen.
Flaschenzüge werden je nach der Anzahl der verwendeten Seile eingeteilt:

a) einfache Flaschenzüge, bei denen ein Seil in eine oder mehrere Seilrollen eingeschert ist.

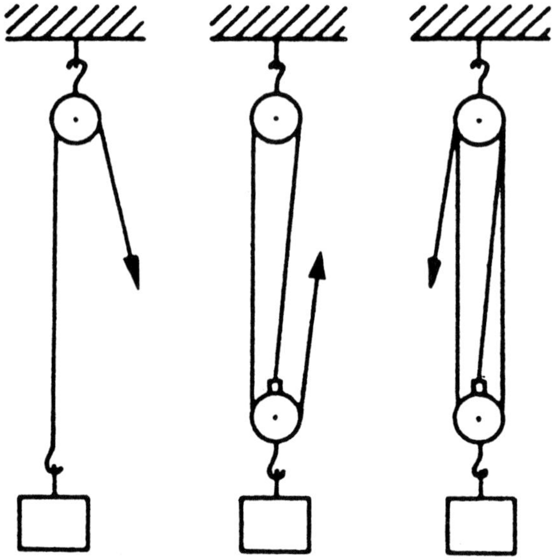

1 : 1 3 : 1 3 : 1

Skizze 60

b) Potenzflaschenzüge, bei denen jeweils zwei oder mehrere Seile in eine Anzahl von Seilrollen eingeschert sind.

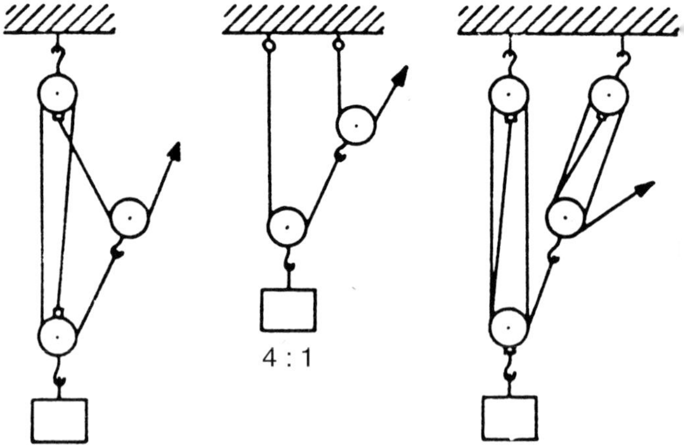

6 : 1 4 : 1 16 : 1

Skizze 61

Um einen Flaschenzug richtig herstellen zu können, ist es zunächst notwendig, seine einzelnen Teile genau zu kennen: Der *Zugstrang* ist jener Teil des Seiles, der vom Zugmittel (zum Beispiel einer Seilwinde) bis zur ersten Seilrolle des Flaschenzuges führt. Die zwischen den einzelnen Seilrollen verlaufenden Teile des Seiles sowie der letzte Teil des Seiles (von der letzten Seilrolle bis zum Verankerungspunkt verlaufend) werden als *Umlenkstränge* bezeichnet. Jene Teile des Flaschenzuges (Seile, Ketten, Befestigungsösen und -haken von Seilrollen), die zur Verankerung von Seilrollen und zu deren Befestigung an der Zuglast dienen, selbst jedoch im Flaschenzug keine aktive Rolle spielen, werden als *Lastränge* bezeichnet. Sie sind die am stärksten beanspruchten Teile des ganzen Flaschenzuges.

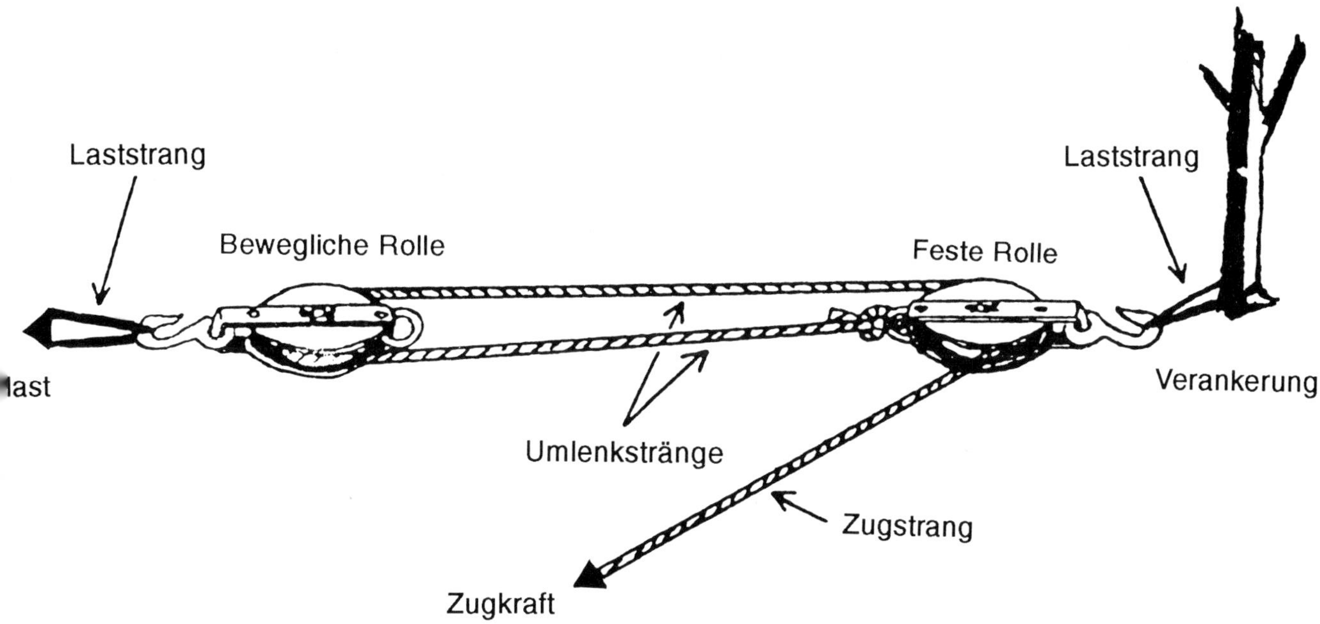

Skizze 62
Funktionsteile des Flaschenzugs

Der mechanische Vorteil des Flaschenzuges
Der mechanische Vorteil eines Flaschenzuges entspricht dem Wert, mit dem der Flaschenzug die zur Wirkung gebrachte Kraft (Zugkraft) vervielfacht. Wird an einem Seil gezogen, dann wirkt diese Zugkraft auf die ganze Seillänge, ob nun das Seil im direkten Zug oder in einem Flaschenzug verwendet wird. Da alle Seilstränge eine gleiche Kraft ausüben, um die Zuglast zu bewegen, und da die auf jeden einzelnen Seilstrang wirkende Kraft der Kraft des Zugmittels entspricht, ergibt sich ein mechanischer Vorteil, der der Anzahl der verwendeten Seilstränge gleichzusetzen ist. Wird also die Last von einem Flaschenzug mit drei Seilsträngen gezogen, beträgt der mechanische Vorteil 3:1. Der mechanische Vorteil eines einfachen Flaschenzuges entspricht also der Anzahl der Seilstränge, mit denen die Last gehoben beziehungsweise gezogen wird.

Beim Potenzflaschenzug, der ja nichts anderes als eine Kombination zweier oder mehrerer einfacher Flaschenzüge ist, bestimmt man den mechanischen Vorteil, indem man den mechanischen Vorteil der einzelnen einfachen Flaschenzüge, aus denen der Potenzflaschenzug besteht, miteinander multipliziert.

Die Notwendigkeit der Anwendung eines mechanischen Vorteiles ergibt sich immer dann, wenn die zu bewegende Last größer ist als die zulässige Belastbarkeit des zur Verfügung stehenden Seiles oder als die Leistungsfähigkeit des vorhandenen Zugmittels. Zur Bestimmung des mechanischen Vorteiles, der durch einen Flaschenzug zum Ziehen oder Heben einer bestimmten Last hergestellt werden soll, kann folgende Faustregel angewendet werden:

Der mechanische Vorteil eines Flaschenzuges muß mindestens so groß sein, wie die Last dividiert durch die Kraft. (Ein Beispiel: Ein mechanischer Vorteil von 4:1 ist notwendig, um eine Last von 1,6 t mit einer Kraft von 500 kg (16:5) zu bewegen).

Auf die einzelnen Teile des Flaschenzuges kommen Kräfte zur Wirkung, die genau berechnet werden müssen, da sie nicht nur für die Wahl des Flaschenzuges – er muß einen solchen mechanischen Vorteil haben, daß die Zugkraft zur Überwindung des Gesamtwiderstandes ausreicht –, sondern auch für die Herstellung der Laststränge – sie müssen der auf sie ausgeübten Kraft, also der Belastung standhalten – von ausschlaggebender Bedeutung sind.

Also: Um eine Last mit Hilfe eines Flaschenzuges bewegen zu können, muß die am Zugstrang wirkende Kraft geringer sein als die Leistungsfähigkeit des vorhandenen Zugmittels (das ist meist die Windenleistung). Zu Beginn der Vorbereitungen einer Bergung wird man zunächst den erforderlichen mechanischen Vorteil des herzustellenden Flaschenzuges nur grob schätzen, indem man die Last durch die vorhandene Zugkraft dividiert. Zu diesem Zeitpunkt ist ja der Seilrollenwiderstand noch unbekannt.

Aufgrund dieser ersten Schätzung des erforderlichen mechanischen Vorteils hat man sich nun bereits für einen der beiden vorne genannten Flaschenzüge entschieden und kennt daher nun auch schon den Seilrollenwiderstand, so daß die am Zugstrang erforderliche Kraft genauer ausgerechnet werden kann. Dies erfolgt mit folgender Faustformel:

Die am Zugstrang erforderliche Kraft (Zugkraft) = Gesamtwiderstand dividiert durch mechanischen Vorteil des Flaschenzuges

Beträgt beispielsweise der Gesamtwiderstand 3 t und der mechanische Vorteil 3:1, dann ist eine am Zugstrang wirkende Zugkraft von 1 t erforderlich (3:1=1).

Ergibt diese Berechnung der erforderlichen Zugkraft, daß diese größer ist als jene des vorhandenen Zugmittels, dann muß der ursprünglich geschätzte mechanische Vorteil vergrößert, das heißt, der gewählte Flaschenzug entsprechend verändert werden. Die Laststränge sind die am stärksten beanspruchten Teile des Flaschenzuges, das heißt, auf sie kommt die größte Kraft zur Wirkung. Damit sie nicht überbeansprucht werden und bei der Durchführung der Bergung reißen, muß ihre Belastung vorher besonders sorgfältig berechnet werden. Vom Ergebnis dieser Berechnung hängt die Wahl der Seile beziehungsweise Ketten ab, die auf Grund ihrer Zugfestigkeit für die Verwendung als Laststrang geeignet erscheinen. Die auf den einzelnen Laststrang wirkende Kraft wird mit folgender Faustformel berechnet:

Auf den Laststrang wirkende Kraft = am Zugstrang wirkende Kraft multipliziert mit der Anzahl jener Seilstränge, die durch den betreffenden Laststrang gehalten werden.

Beträgt beispielsweise die am Zugstrang wirkende Kraft 1 t und werden zwei Seilstränge vom betreffenden Laststrang gehalten, dann wirkt auf diesen Laststrang eine Kraft von 2 t (1×2).

Ein Laststrang kann auch zweiteilig sein, das heißt, er kann die Form einer Schlinge haben. Bei allen Laststrängen ist die wirkende Kraft von der Größe des Neigungswinkels abhängig: Je stumpfer dieser Winkel wird, desto größer wird auch die Kraft am Laststrang. Diese Tatsache ist bei der Benutzung von Laststrängen besonders zu berücksichtigen, da sie unter Umständen zu unnötigen zusätzlichen Belastungen des einzelnen Laststranges führen.

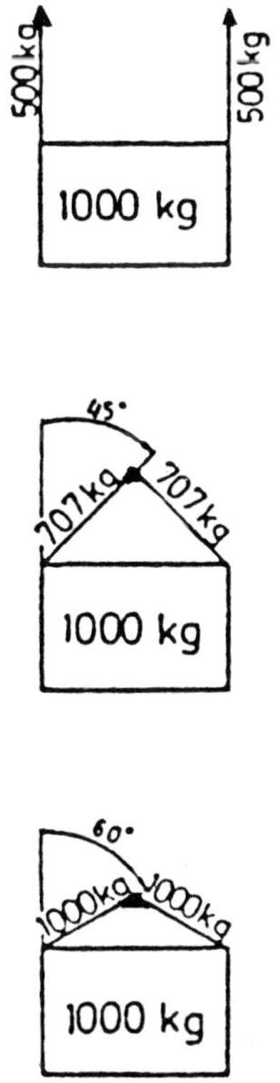

Skizze 63
Verteilung der Last auf die Laststränge

Seile und Ketten

Die wichtigsten Hilfsmittel für jede Bergung sind Seile und Ketten. Aus diesem Grund sind bei der Lösung von Bergeaufgaben auch gewisse Kenntnisse über Verwendung, Handhabung und Pflege von Seilen und Ketten erforderlich. Besonders wichtig aber ist die Bestimmung der zulässigen Belastbarkeit von Seilen und Ketten, damit diese nicht überansprucht werden.

Seile

1) Hanfseile

Man kennt Hanfseile aus verschiedenstem Material (Sisal, Manilahanf und so weiter) und auch verschiedenster Stärke. Die Stärke eines Hanfseiles kann zu- und abnehmen – je nach Intensität und Art der Nutzung: Sein Durchmesser kann nach längerer Verwendung durch Dehnung oder Abrieb geringer werden; der Durchmesser kann aber auch größer werden, wenn das Seil naß ist und sich mit Wasser vollgesaugt hat, oder wenn sich zwischen den Seillitzen Schmutz ansammelt.

Hanfseile werden bei Bergearbeiten meist nur zum Ziehen oder Heben leichterer Lasten verwendet. Sie sind vor ihrer Verwendung immer sorgfältigst zu überprüfen; bei Feststellung auch nur der kleinsten Anzeichen dafür, daß das Seil bei Verwendung reißen könnte, darf es nicht mehr verwendet werden. Hanfseile dürfen auch niemals über scharfe Kanten oder über rauhen Untergrund gezogen werden. Die Seile verlieren mit der

Zeit durch Verrotten an Festigkeit. Die Bruchlast sollte mindestens das Achtfache der zulässigen Nutzlast betragen.

2) Kunststoff-Faserseile

Für den Einsatz von Kunststoffaserseilen gilt die Grundregel, daß die Bruchlast mindestens das Sechsfache der zulässigen Nutzlast betragen soll.

Diese Hebemittel sind trocken und gegen Sonnenbestrahlung und vor mechanischer Beschädigung geschützt zu lagern. Sie dürfen nicht in der Nähe von Feuer oder anderen Hitzequellen getrocknet oder aufbewahrt werden.

Sind Kunststoffseile kurzzeitig und geringfügig mit Säuren oder Laugen in Berührung gekommen, so sind sie umgehend mit reichlich Wasser zu waschen. Ist die Verunreinigung mit Säuren oder Laugen umfangreicher, so sind diese Hebemittel, nach dem Waschen mit reichlich Wasser, vor einer weiteren Verwendung einer sorgfältigen Überprüfung zu unterziehen.

Zur Not können auch Schleppgurte oder andere Seile (Kletterseil, Höhlenseil) verwendet werden. Bei Gurten ist die vom Hersteller angegebene Belastbarkeit anzunehmen. Das gleiche gilt auch für Kletter- oder Höhlenseile. Ihr Nachteil ist die für Bergezwecke unerwünschte Elastizität. Im Notfall muß das jedoch in Kauf genommen werden.

3) Drahtseile

Drahtseile sind aus hochwertigem Stahldraht hergestellt, verfügen über eine große Zugfestigkeit und werden daher vorzugsweise bei Bergearbeiten verwendet. Seilwinden sind eigentlich immer mit solchen Drahtseilen ausgestattet; auch Abschleppseile bestehen entweder aus hochwertigem Kunststoff oder aus solchen Drahtseilen.

Die Bruchlast muß mindestens das Sechsfache der zulässigen Nutzlast betragen.

Ein Drahtseil ist folgendermaßen aufgebaut: Viele Einzeldrähte (meist aus kaltgezogenem Stahl) sind zu Drahtlitzen zusammengedreht; diese Drahtlitzen (bei Seilwindenseilen meist sechs) sind dann um eine Seele (entweder Hanfseil, Drahtlitze oder eigenes Drahtseil) wiederum zusammengedreht und bilden damit das eigentliche Seil. Die Richtung, in der sowohl die Einzeldrähte als auch die Drahtlitzen zusammengedreht sind, nennt man Schlag; man kennt Seile mit Rechts- und mit Linksschlag, jene mit Rechtsschlag sind jedoch am gebräuchlichsten.

Das Befestigen von Drahtseilen kann in verschiedenster Art erfolgen und hängt in erster Linie vom angestrebten Zweck ab. In der Regel werden dazu, wenn die Seile nicht schon mit fixen Befestigungsvorrichtungen versehen sind, Seilkauschen und Seilklemmen verwendet.

Seilkauschen verwendet man dann, wenn das Drahtseil bei einem Haken oder Ring angeschlossen werden soll. Dadurch, daß das Seil in die Kausche eingelegt ist, wird ein Abscheren der Einzeldrähte in den Litzen bei Belastung des Seiles verhindert.

Seilklemmen verwendet man zum Verbinden zweier Seile, aber auch bei der Herstellung von Seilschlingen – die gegebenenfalls in Seilkauschen einzulegen sind. Dabei ist zu beachten, daß die Klemmbügel der Seilklemmen über dem kurzen Ende des Seiles liegen, damit das lange, lasttragende Seilstück vor Quetschungen und anderen Beschädigungen bewahrt wird.

Die erste Backenzahnklemme wird dabei dicht an der Kausche angebracht, bei Rollenkauschen jedoch in einem Abstand von mindestens dem doppelten Kauschendurchmesser, gemessen von der Schlingeninnenkante. Die Backenzahnklemmen müssen so weit voneinander entfernt sein, daß zwischen ihnen ein freier Abstand von mindestens einer Klemmenbreite verbleibt. Die Klemmbügel sind immer auf das unbelastete Seilende aufzulegen. Nach Inbetriebnahme ist das Anzugsmoment nachzuprüfen.

Seile, Ketten und auch Seilrollen können weiter mit Seilhaken befestigt werden, deren zulässige Belastbarkeit nach der gleichen Formel, wie sie für Ketten gilt, berechnet werden kann, wobei als Durchmesser jener Hakendurchmesser einzusetzen ist, an dem sich der Haken kreisförmig zu krümmen beginnt. Ein Haken kann sich durch Überlastung aufbiegen, so daß die Last herunterfällt, Hakenbrüche sind jedoch selten. Die Last darf niemals an der Hakenspitze befestigt werden; außerdem sollten Haken stets so eingehängt werden, daß ihre Spitze nach oben zeigt.

Wird ein Drahtseil auf eine Seiltrommel aufgewickelt, dann hat es das Bestreben, sich um seine Längsachse zu drehen. Die Richtung, in der es zu drehen bestrebt ist, hängt vom Schlag des Seiles ab und verursacht eine dichte oder eine lockere Seillage auf der Trommel. Da das Seil auf der Seiltrommel in dichten Lagen aufliegen soll, ist es an jenem Trommelende befestigt, wohin das Seil sich zu drehen bestrebt ist.

Zum leichteren Auffinden jenes Trommelendes, an dem das Seil befestigt werden muß, gibt es folgende Faustregel: Die rechte Hand wird für Seile mit Rechtsschlag, die linke Hand für solche mit Linksschlag verwendet. Der Handrücken ist oben, wenn das Seil auf die Trommel von oben auflaufen soll. Man stellt sich hinter die Seilwinde und blickt von oben auf die Seiltrommel. Die Faust stellt dann die Trommel, der ausgestreckte Zeigefinger die Richtung des ablaufenden Seiles dar; der Daumen weist auf jenes Trommelende, an dem das entsprechende Seil befestigt werden muß.

In einigen Fällen hat die Seiltrommel nur eine Seite, an der das Seil befestigt werden kann. Es muß dann ein Seil mit dem richtigen Schlag ausgewählt werden.

Bei der Verwendung von Drahtseilen sollten immer gewisse Richtlinien eingehalten werden, damit die Seile auch tatsächlich die an sie gestellten Anforderungen erfüllen können und Verletzungen durch Beschädigung oder Risse des Seiles vermieden werden.

Neue Seile sollen zuerst einige Male mit leichteren Lasten belastet werden, damit sich die Litzen einrichten können und bei voller Belastung nicht überbeansprucht werden.

Knicke im Seil sind unbedingt zu vermeiden. Bevor das Seil belastet wird, sind eventuelle Seilschlingen aufzumachen, da sich ansonsten das Seil aufdreht und schwer beschädigt wird. Es darf niemals versucht werden, Seilschlingen durch Ausziehen des Seiles zu beseitigen.

Seile dürfen auch nicht ruckartig oder stoßweise belastet werden, da dies eine Überlastung des Seiles zur Folge hat und zu Seilrissen führen kann. Bei jeder Bergearbeit sind zuerst die Seile langsam zu spannen, bevor die Last tatsächlich gezogen oder gehoben wird.

Zur richtigen Pflege von Drahtseilen gehören in erster Linie die regelmäßige Überprüfung und das Schmieren der Seile. Die Überprüfungen sollen sich auf Drahtbrüche, Quetschungen, Abschleifungen und aufgedrehte Stellen erstrecken. Jede dieser Erscheinungen ist ein Alarmzeichen und sollte nicht ohne weiteres übergangen werden. Die wesentlichsten Seilfehler sind:

- Abnützung (größter Verschleiß des Seiles entsteht beim Auflauf auf die Seiltrommel und beim Lauf über die Seilrollen).
- Drahtbrüche
- Klanken- oder Kinkenbildung (entsteht nach Straffziehen einer gebildeten Schlinge)
- Quetschstellen
- Verrostung
- Verbrennung

Ein Drahtseil mit solchen Seilfehlern sollte abgelegt werden.

Ketten

Zur Verwendung bei Bergearbeiten eignen sich am besten geschweißte Rundstahlketten. Die Bruchlast der Kette muß mindestens das Vierfache der zulässigen Nutzlast betragen. Im Gebrauch stehen zwei Materialgruppen, die Normalgüte und sogenannte »hochfeste Ketten«.

Ketten werden bei Bergearbeiten als Verbindungsglied zwischen Zugseil und der zu bergenden Last verwendet. Ketten sind vor und nach jeder Verwendung auf Beschädigung wie Risse von Gliedern – besonders an Schweißstellen –, Abschürfungen und so weiter zu überprüfen. Ketten sollen mit keinem Anstrich versehen werden und auch werkseitig gestrichene Ketten sollen nicht nachlackiert werden, da man sonst eventuelle Risse verdeckt.

Die stoßartige Beanspruchung von Ketten ist möglichst zu vermeiden. Leichte Stöße, wie sie zum Beispiel durch die Beschleunigung beim Heben und Senken entstehen, können dabei unberücksichtigt bleiben. Mittlere Stöße, wie sie etwa durch das Nachrutschen der Kette bei deren Anpassung an die Form der Last entstehen, sind durch eine Abminderung der Tragfähigkeit auf höchstens 70% zu berücksichtigen. Starke Stöße, wie sie durch Hineinfallen der Last in eine unbelastete Kette entstehen, sind möglichst zu vermeiden.

Belastbarkeit in Tonnen		
Material	Durchmesser (D) (in Zoll)	Durchmesser (D) (in mm)
Hanfseil	D^2	$(D : 25)^2$
Drahtseil	$D^2 \times 16$	$(D : 25)^2 \times 16$
Kette	$D^2 \times 20$	$(D : 25)^2 \times 20$

Tabelle 6

Unter der zulässigen Belastbarkeit von Seilen und Ketten versteht man die größte Belastung, der ein Seil oder eine Kette in der Längsrichtung ohne Beschädigung ausgesetzt werden kann. Ein entsprechender Sicherheitsfaktor ist bereits berücksichtigt. Dies gilt natürlich nur für einwandfreies Material.

Verankerungen

Zu den natürlichen Verankerungspunkten, die bei Vorhandensein aus Gründen der Zeitersparnis und Zweckmäßigkeit immer den künstlichen Verankerungsmöglichkeiten vorzuziehen sind, gehören Bäume, Baumstümpfe und entsprechende Felsbrocken. Unter künstlichen Verankerungspunkten versteht man sowohl solche, die bereits vorhanden sind (zum Beispiel Betonpflöcke, eingerammte Traversen), als auch solche, die erst hergestellt werden müssen (zum Beispiel Pfahlverankerungen, »Totmann«-Verankerungen).

Seile und Ketten sollten an den Verankerungspunkten immer möglichst knapp über dem Erdboden angebracht werden; außerdem soll das vom Verankerungspunkt wegführende Seil oder die Kette immer möglichst parallel zum Erdboden verlaufen, damit die Verankerung nicht aus dem Boden herausgerissen wird. Es ist immer besser, nicht eine, sondern gleich mehrere Verankerungen zu verwenden, da dadurch die Last besser auf den Erdboden verteilt wird. Eine weitere Verstärkung erzielt man dadurch, daß man die einzelnen Verankerungspunkte untereinander verbindet, wobei die Verbindungsseile vom oberen Teil der einen Verankerung zum untersten Teil der dahinterliegenden Verankerung führen müssen.

Bei Bäumen und Baumstümpfen ist es notwendig, deren Belastbarkeit unter Berücksichtigung der Holzart (Weich- oder Hartholz), des Zustandes, der Verwurzelung sowie des Erdreiches möglichst genau zu bestimmen.

Belastbarkeit von Bäumen		
Durchmesser (cm)	Weichholz (t)	Hartholz (t)
10	1,9	3,5
15	4,3	7,8
20	7,7	13,9
25	12,0	21,6
30	17,5	31,5
35	23,7	42,7
40	30,0	54,0
45	37,5	67,5
50	47,0	85,5
Achtung: Verankerungsseil bzw. -kette knapp über dem Erdboden anbringen!		

Tabelle 7

Zu schwache oder morsche Bäume und Baumstümpfe eignen sich nicht, da sie während der Bergearbeiten leicht nachgeben oder brechen können. Muß ein schwacher Baum (Zustand zweifelhaft, Stamm zu schwach, Wurzelwerk beschädigt) als Verankerungspunkt verwendet werden, dann ist es durch entsprechende Verbindung mit einem zweiten, dahinterliegenden Baum oder durch eine Kombination mit künstlichen Verankerungspunkten abzusichern und haltbarer zu machen.

Skizze 64

Wird ein Felsbrocken als Verankerungspunkt ausgewählt, dann ist dieser sorgfältig auf ausreichende Größe und richtige Einbettung in den Erdboden zu überprüfen.

Soweit im Gelände nicht künstliche – also von Menschenhand geschaffene – Verankerungspunkte vorhanden sind, können vorübergehend, das heißt für den Zweck der Bergung, künstliche Verankerungspunkte hergestellt werden:

1) Die Pfahlverankerung

Durch Einschlagen eines Stahl- oder Holzpflockes in den Erdboden kann man eine einfache Pfahlverankerung herstellen. Eine verstärkte Pfahlverankerung erreicht man durch die Verwendung von zwei oder mehreren Pfählen, von denen jeder einen Durchmesser von mindestens 7 bis 8 cm und eine Länge von etwa 1,50 m haben sollte. Die Pflöcke sind etwa 1 m tief in den Erdboden einzuschlagen und sollen in erster Linie mit dem daran zu befestigenden Seil oder der Kette etwa 1 bis 2 m voneinander entfernt sein. Wird ein Hanfseil verwendet, dann ist diese oben am ersten Pflock mit einem doppelten Schlag anzubringen und sodann vier- bis sechsmal um die beiden vorderen Pflöcke zu schlingen. Das Seil ist dabei so anzubringen, daß es am ersten Pflock möglichst hoch, am zweiten Pflock jedoch möglichst am Boden anliegt. Sodann ist das Seil wieder mit einem doppelten Schlag knapp über den Seilwindungen am zweiten Pflock zu befestigen und ein dünnerer Pflock als Knebel zwischen den Seilen hindurchzustecken. Mit Hilfe dieses Knebels dreht man nun die Seile zusammen und spannt sie auf diese Weise; anschließend ist auch der als Knebel verwendete Pflock in die Erde einzuschlagen. Dieser Vorgang ist bei jedem Paar von Pflöcken zu wiederholen. Die Stärke einer solchen Erdpflock-Kombination hängt von der Stärke des ersten Erdpflockes ab.

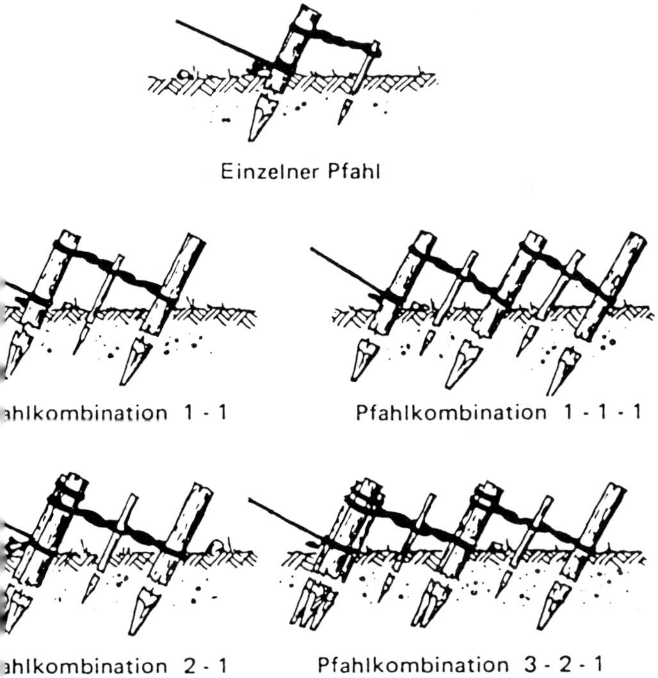

Skizze 65

Um diesen ersten Pflock entsprechend zu verstärken, können zwei oder mehrere andere Erdpflöcke knapp nebeneinander in den Boden eingeschlagen und untereinander verbunden werden, bevor die Verbindung zwischen dem ersten Erdpflock und den übrigen Pflöcken hergestellt wird. Im nassen Erdreich wird die Belastbarkeit von Erdpflöcken generell beträchtlich herabgesetzt.

Verankerung	kg
Einzelner Pfahl	318
Pfahlkombination 1 - 1	635
Pfahlkombination 1 - 1 - 1	817
Pfahlkombination 2 - 1	907
Pfahlkombination 3 - 2 - 1	1815
Beiwert bei feuchter Erde:	
Ton und Schottergemisch	1,0
Flußton und Sand	0,5

Tabelle 8

2) Die kombinierte Pfahl-Querträgerverankerung

Müssen zum Ziehen schwerer Lasten Verankerungspunkte in weichem oder nassem Erdreich geschaffen werden, dann stellt man am besten eine Kombination von Erdpflöcken und Querträgern her. Bei dieser Verankerungsmethode wird der Laststrang an einem Querträger angebracht, der quer hinter mehrere (vier bis sechs) in den Erdboden eingeschlagene Pfähle gelegt wird. Die Belastbarkeit dieser Verankerungsmöglichkeit hängt von der Stärke des verwendeten Querträgers und der eingeschlagenen Erdpflöcke ab. Für diese Zwecke ist daher ein Querträger zu verwenden, der groß und stark genug ist, um der am Laststrang zur Wirkung kommenden Kraft standhalten zu können. Die einzelnen Pfähle, hinter die bei dieser

Methode der Querträger gelegt wird, können selbstverständlich durch weitere, dahinterliegende Pfähle noch zusätzlich abgesichert werden, wie dies bei der normalen Pfahlverankerung geschieht.

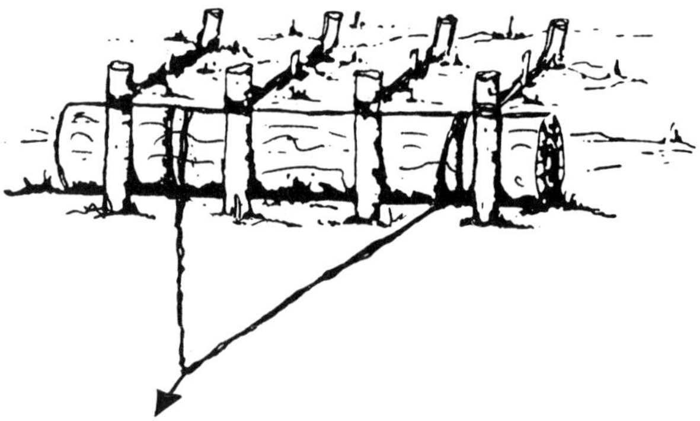

Skizze 66

3) Verankerung durch eingegrabenen Querträger

Eine der besten Verankerungsmöglichkeiten bietet der eingegrabene Querträger, die sogenannte »Totmann«-Verankerung.

Bei dieser Verankerungsmethode wird ein geeigneter Querträger (Baumstamm, Kantholz, Stahlträger) quer zur Zugrichtung des Laststranges eingegraben; der Laststrang selbst wird in der Mitte des Querträgers entsprechend befestigt. Der Querträger ist so einzugraben, daß die Zugrichtung möglichst horizontal verläuft. Um den Neigungswinkel des Laststranges zu vermindern und die Belastbarkeit dieser Verankerung zu vergrößern, wird man sich aus diesem Grund vor allem Böschungen, entsprechende Geländestufen und dergleichen zunutze machen; an solchen Stellen erspart man sich auch große Erdarbeiten.

Die Grube, in die der Querträger gelegt werden soll, muß genügend groß und tief sein, um den angestrebten Zweck zu erfüllen. Jene Seite der Grube, die dem Flaschenzug zugekehrt ist, soll um 15 Grad überhängend abgestochen werden; eine Verstärkung dieser Verankerung erzielt man noch dadurch, daß man zu beiden Seiten des Querträgers als zusätzliche Abstützung entsprechende Pfähle in den Boden schlägt.

Für den am Querträger befestigten Laststrang ist in dessen Verlauf ein schräg nach unten verlaufender schmaler Graben auszuheben, damit der Laststrang möglichst wenig abgewinkelt wird. Die Befestigung des Laststranges am Querträger hat so zu erfolgen, daß der Strang von unten um den Träger herumgewickelt wird; dies verhindert, daß der Querträger aus der Grube herausgewälzt wird. Schneidet der Laststrang in das Erdreich ein, dann ist nächst dem vorderen Ende seines Stichgrabens ein Stück Holz unterzulegen.

Die Belastbarkeit dieser Verankerung hängt zum Teil von der Stärke des eingegrabenen Querträgers, in erster Linie aber von der Beschaffenheit des Bodens ab.

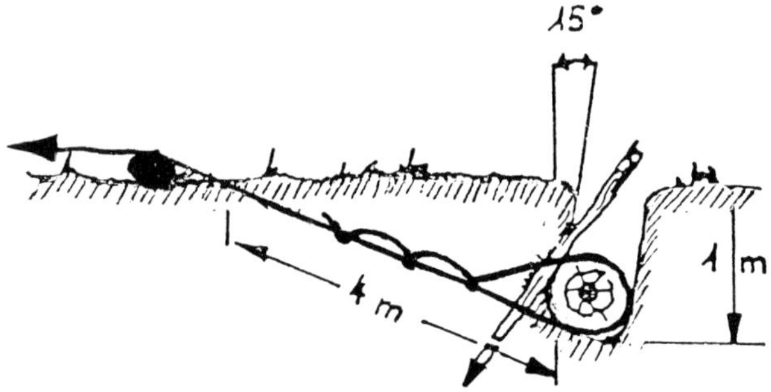

Skizze 67

4) Sandsackverankerung
In sandigem Gelände, wo es keine Bäume oder andere Verankerungsmöglichkeiten gibt, kann mit Hilfe eines Sandsackes eine sehr brauchbare Verankerung geschaffen werden. Zu diesem Zweck wird zunächst in den sandigen Boden eine tiefe Grube gegraben, die dann mit einer entsprechend großen Plane auszulegen ist. Die Plane wird sodann mit dem ausgehobenen Sand gefüllt und anschließend mit ihren vier Ecken zusammengebunden. Der Laststrang des Flaschenzuges ist im weiteren wie bei der Totmann-Verankerung an diesem Sandsack entsprechend zu befestigen.

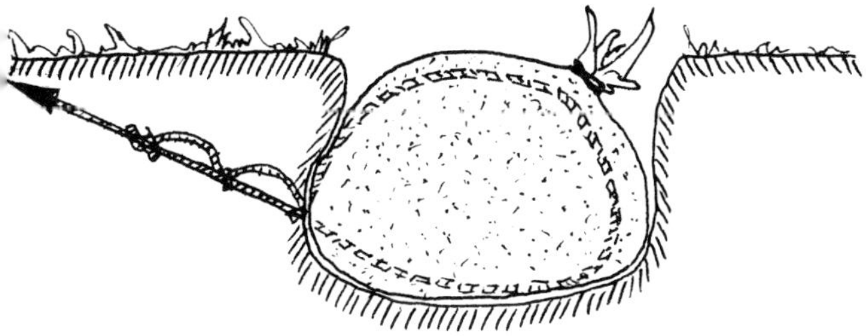

Skizze 68

5) Reserveradverankerung
Steht kein geeigneter Querträger zur Verfügung, dann kann als Ersatz das Reserverad verwendet werden. Dazu wird es stehend und circa 15 Grad geneigt quer zur Zugrichtung mit der flachen Seite nach innen eingegraben. Die Tiefe der Grube ist in erster Linie von der Beschaffenheit des Bodens abhängig. Die Befestigung des Zugseiles erfolgt mittels eines Hanfseiles oder einer Kette in der Mitte des Reserverades. Das Seil oder die Kette wird dabei durch die Radnabenbohrung der Felge geführt und mit einem Radmutternschlüssel oder ähnlichem verankert. Für das Zugseil ist vom Mittelpunkt der Felge aus ebenfalls ein möglichst flach verlaufender Graben zu ziehen, um ein Herausheben des Reserverades zu verhindern.

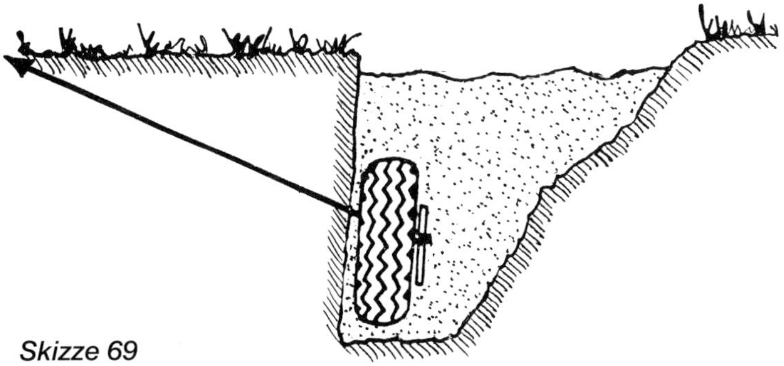

Skizze 69

Zugmittel

Zum Ziehen oder Heben von Lasten kennt man eine Reihe von Zugmitteln, deren Leistungsfähigkeit ihrer Wesensart entsprechend verschieden ist. Für unsere Zwecke ist in erster Linie die Seilwinde zu nennen, die durch einen Motor angetrieben wird oder von Hand zu betätigen ist. Daneben gibt es noch die Möglichkeit, Lasten von einem einzelnen Mann, im Gruppenzug, durch Fahrzeuge oder Tiere ziehen oder heben zu lassen.

1) Mechanische Winden
Die mechanische Seilwinde wird in der Regel über ein Zapfgetriebe durch den Motor jenes Kraftfahrzeuges, auf dem die Winde montiert ist, angetrieben. Die Antriebswelle der Winde treibt dabei über eine Schnecke eine zweite Welle an, auf der die Windentrommel mon-

tiert ist. Je nach Typ, Modell und Hersteller bewirken Schnecke und Schneckenrad ein Übersetzungsverhältnis von 20:1 bis 50:1.

Die Winde ist außerdem mit einer Kupplung versehen, die beim Aufspulen des Seiles – zum Ziehen der Last – eine kraftschlüssige Verbindung zwischen Windentrommel und deren Antriebswelle herstellt; andererseits ermöglicht die Kupplung einen Leerlauf der Windentrommel auf ihrer Achse, wenn das Seil abgespult werden soll.

Weiter ist die Seilwinde meist auch noch mit einer nach dem Reibungsprinzip wirkenden Vorrichtung versehen, die verhindern soll, daß sich die Trommel zu schnell dreht und sich das Seil daher verwickelt, wenn das Abspulen langsamer wird. Manche Seilwinden haben überdies eine Sicherheitsvorrichtung, die das Seil in der augenblicklichen Lage automatisch festhält, wenn die Zugkraft aus irgendeinem Grund aussetzt.

Seilwinden weisen die größte Zugkraft auf, wenn ihr Seil zur Gänze abgespult ist (jedoch mindestens drei Windungen auf der Seiltrommel sind) und beim Ziehen der Last auf die leere Seiltrommel aufgespult wird. Es ändert sich die Hebelwirkung der Seilwinde mit jeder zusätzlichen Seillage auf der Trommel.

Anzahl von Seillagen auf der Seiltrommel	Max. Spitzen-Zugkraft kp
1	2000
2	1720
3	1509
4	1344
5	1220
6	1110

Tabelle 9

Dieser Effekt entsteht, da sich hierdurch der Durchmesser der Seiltrommel verändert; auf diese Weise kann die Zugleistung einer Seilwinde vom ursprünglichen und für die erste Seillage geltenden Wert bis zu 50% dieses Wertes zurückgehen, wenn die letzte Seillage auf die Trommel aufgespult worden ist.

Aus diesem Grund empfiehlt es sich, zum Ziehen schwerer Lasten das Windenseil ganz – oder wenigstens zum Großteil – abzuspulen. Ein gänzlich oder größtenteils abgespultes Windenseil bietet darüber hinaus auch noch den Vorteil, daß es wegen seiner natürlichen Elastizität nicht so leicht reißt, besonders dann, wenn es plötzlich stark gespannt wird. Bei Spillwinden (Treibmatic) ist die Zugleistung allerdings nicht von der Länge des abgespulten Seiles abhängig.

Im Idealfall wird das Windenseil so verwendet, daß die durch die Seilmitte in Längsrichtung verlaufende gerade Linie in weiterer Folge auch durch die Fahrzeugmitte verläuft. Weicht das Seil zu weit von dieser gedachten Linie ab, dann wandert es unkontrolliert auf der Windentrommel hin und her, wird nicht richtig aufgespult und dadurch beschädigt. Das Windenseil soll daher immer so geführt werden, daß es niemals mehr als 2 Grad von der gedachten Linie abweicht. Diese Abweichung, die in einem Winkel, dem Abweichwinkel, ausgedrückt wird, ist bei Bergearbeiten unbedingt zu berücksichtigen, wenn die Seilwinde nicht mit einer eigenen Aufspulvorrichtung versehen ist.

Um den Abweichungswinkel innerhalb der zulässigen Grenzen zu halten, wird es meist notwendig sein, eine zusätzliche Seilrolle zu verwenden, die als Umlenkrolle so zu verankern ist, daß die Zugrichtung des Windenseiles sich mit der Längsachse des Bergungsfahrzeuges deckt.

Einige Seilwinden sind, wie bereits erwähnt, mit eigenen Vorrichtungen versehen, die quer zur Windentrommel hin- und herlaufen und durch entsprechende Führung des Windenseiles ein richtiges Aufspulen auf der Trommel gewährleisten. Ist die zur Verfügung stehende Seilwinde mit einer solchen Vorrichtung ausgestattet, dann kann der Abweichungswinkel unberücksichtigt bleiben, solange der Winkel nicht zu groß (max. 15 Grad) wird und ein richtiges Funktionieren dieser Aufspulvorrichtung beeinträchtigt.

Seilwinden, die nicht fest mit dem Fahrzeug verbunden sind und daher den großen Vorteil höherer Mobilität haben, nennt man Handwinden. Sie können abseits vom Fahrzeug, in jede Richtung und nicht nur für Bergearbeiten eingesetzt werden. Es gibt sie mit unterschiedlichem Antrieb, vom Motor bis hin zum Handantrieb (Hebezug). Diese Eigenschaften machen sie zu einer ausgezeichneten Alternative zu fest angebauten Seilwinden.

2) Behelfsmäßige Handwinde

Ist weder eine Seil- noch eine Handwinde vorhanden, kann eine für diese Zwecke durchaus geeignete Winde auch behelfsmäßig hergestellt werden. Sie besteht aus irgendeinem zylindrischen Körper (zum Beispiel einen Baumstamm), um den ein Seil herumgewickelt ist, und der mit Hilfe eines entsprechenden, an oder nahe einem seiner beiden Enden angebrachten Griffes (zum Beispiel einem Ast des verwendeten Baumstammes) gedreht wird. Der mit einer solchen provisorischen Handwinde erzielte mechanische Vorteil wird bestimmt durch das Verhältnis des Radius des vom Handgriff beschriebenen Bogens zum Radius des zylindrischen Körpers, um den das Seil gewickelt ist.

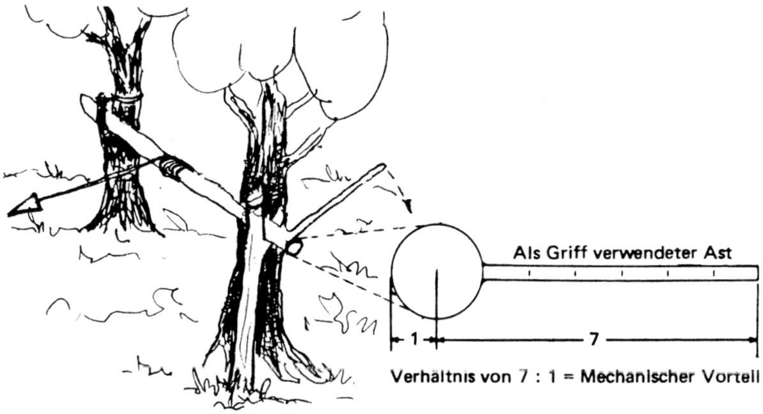

Skizze 70
Baumstamm als behelfsmäßige Handwinde

Der mit der provisorischen Handwinde erzielte mechanische Vorteil kann noch vergrößert werden, wenn man die Handwinde in Verbindung mit einem Flaschenzug verwendet. Bei der Anwendung einer solchen Kombination ergibt der durch den Flaschenzug erzielte mechanische Vorteil multipliziert mit dem mechanischen Vorteil der Handwinde einen mechanischen Gesamtvorteil, der schon sehr interessante Größenordnungen annehmen kann.

Ein Beispiel: Es wird durch einen Flaschenzug ein mechanischer Vorteil von 3:1 erzielt; der Griff der Handwinde ist siebenmal so lang wie der Radius des als zylindrischer

Körper verwendeten Baumstammes, so daß diese Handwinde einen mechanischen Vorteil von 7:1 ergibt. Wenn man nun das Verhältnis von 3:1 mit dem Verhältnis von 7:1 multipliziert, erhält man einen mechanischen Gesamtvorteil von 21:1. In diesem Beispiel wird ein Baumstamm als zylindrischer Körper und ein entsprechend starker Ast als Handgriff verwendet. Der Baumstamm wird mit zwei Seilen an zwei Bäumen so locker angebunden, daß er leicht gedreht werden kann.

Provisorische Handwinden können auch auf beliebige andere Art hergestellt werden; es hängt nur von der Erfindungsgabe der bergenden Personen ab.

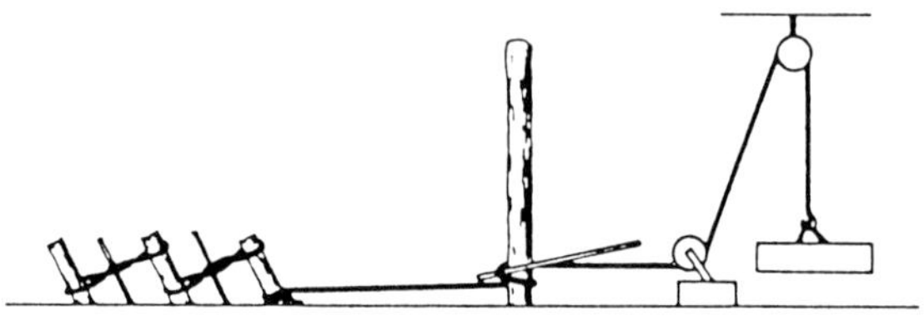

Spanische Handwinde

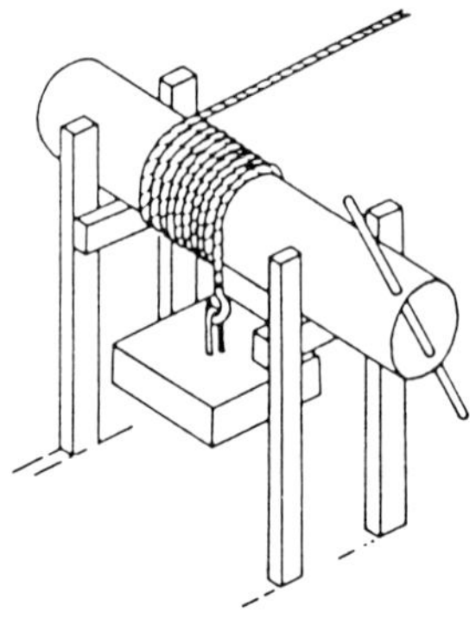

Rohr-Handwinde

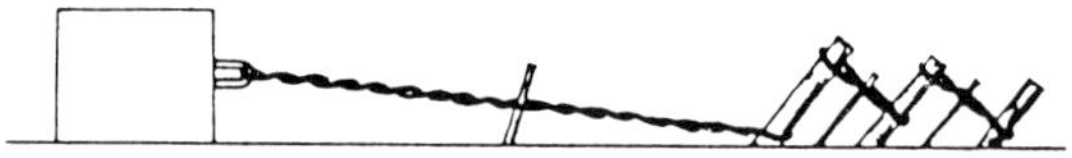

Knebel-Handwinde

Skizze 71
Beispiele provisorischer Handwinden

3) Andere Kraftquellen

Steht für eine Bergung keine Möglichkeit des Einsatzes einer Winde zur Verfügung, dann kann man auch ein anderes Kraftfahrzeug einsetzen. Dieses sollte jedoch möglichst der gleiche oder ein schwererer Typ als das zu bergende Fahrzeug sein. Ein auf ebenem und festem Untergrund stehendes Fahrzeug kann in der Regel eine Last ziehen, die seinem Eigengewicht entspricht. Gegebenenfalls können als Zugmittel auch andere Fahrzeuge verwendet werden, wobei diese durch Seile oder Ketten entsprechend miteinander zu verbinden sind.

Zum Bergen können unter gleichzeitiger Verwendung eines entsprechenden Flaschenzuges auch Zugtiere wie Pferde oder Zugochsen eingesetzt werden, wobei diese jedoch mit dem für sie üblichen Geschirr und der entsprechenden Zugvorrichtung ausgestattet sein müssen.

Zum Ziehen und Heben kann man aber auch die bloße Muskelkraft des Menschen einsetzen. Ein einzelner Mann durchschnittlicher Größe ist in der Lage, eine Last von etwa 50 kg zu heben und eine Last von etwa 30 kg zu ziehen. Setzt man also mehrere Personen an einem Zugseil an, dann läßt sich auf diese Weise eine beachtliche Zugleistung erreichen.

Beim Heben von Lasten können wegen des beschränkten Platzes unter der Last nur wenige Personen am Zugseil angesetzt werden; in einem solchen Fall empfiehlt es sich daher, das Zugseil so über eine entsprechend angebrachte Umlenkrolle zu führen, daß eine horizontale Zugrichtung angesetzt werden kann.

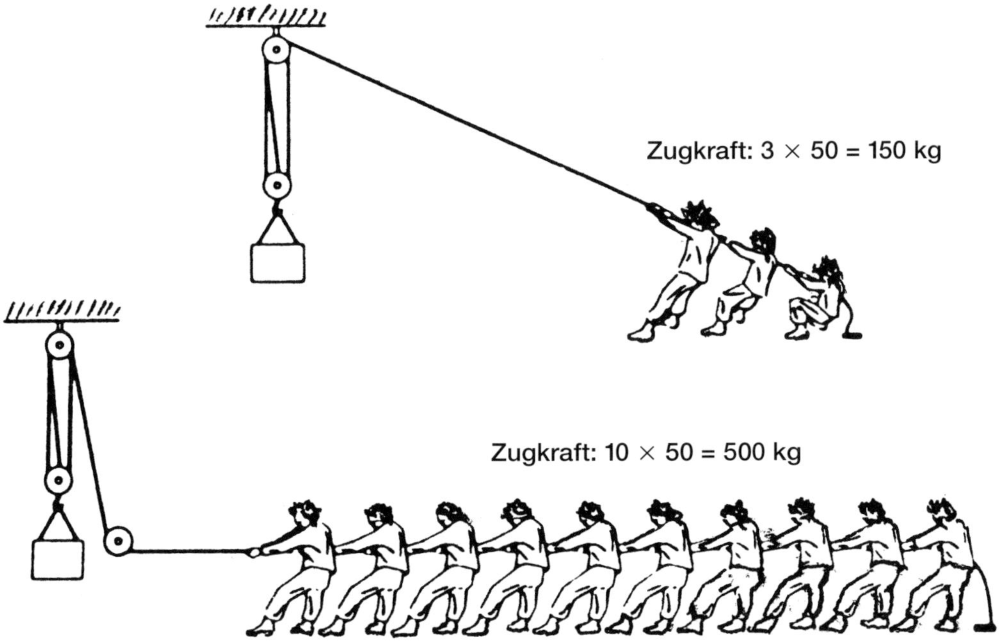

Skizze 72
Muskelkraft
als Zugmittel

Bergetechniken

Anbringen des Zugseiles am festgefahrenen Fahrzeug

Bei Bergearbeiten ist es von größter Wichtigkeit, daß das Zugseil beziehungsweise der hergestellte Flaschenzug beim festgefahrenen Fahrzeug so angebracht wird, daß der Bergeversuch ohne irgendwelche Beschädigungen des Fahrzeuges durchgeführt werden kann. So darf zum Beispiel das Windenseil niemals an der Stoßstange befestigt werden, da diese beschädigt werden könnte. Außerdem kann der Fahrzeugrahmen verzogen werden, wenn das Windenseil so angebracht wird, daß die Zugkraft nur auf einer Seite des Fahrzeuges zur Wirkung kommt.

Fahrzeuge sollen also nur immer an den eigens hierfür vorgesehenen Abschlepphaken oder -ösen gezogen werden. Um die Zugkraft gleichmäßig auf beide Abschleppvorrichtungen zu verteilen, kann bei beiden Haken oder Ösen eine Kette befestigt werden, in die dann das Zugseil eingehängt wird. Macht man sich einen mechanischen Vorteil zunutze, dann ist an dieser Kette eine Seilrolle zu befestigen, in die das Windenseil eingelegt wird.

Bei einer solchen Anordnung wird die an jedem der beiden Abschlepphaken oder -ösen wirkende Zugkraft etwas größer sein als die Hälfte der Zugkraft der Seilwinde, bei größer werdendem Winkel der Zugkette (Kette wird verkürzt) wird auch die Belastung der Abschlepphaken größer. Um diese Belastung innerhalb der Sicherheitsgrenzen zu halten, darf der von der Kette gebildete Winkel niemals größer als 30 Grad sein; die Spitze des von der Kette gebildeten Dreiecks soll wenigstens 1,80 m vom Fahrzeug entfernt sein.

Ziehen über eine Geländekante

Wird ein Fahrzeug vorwärts über einen Geländeknick gezogen, so ist zu beachten, daß dieses am Knick vorne hart in die Federn gedrückt, hinten aber aus den Federn gehoben wird, wobei eine beachtliche Mehrbelastung des Seiles und der Federung auftritt.

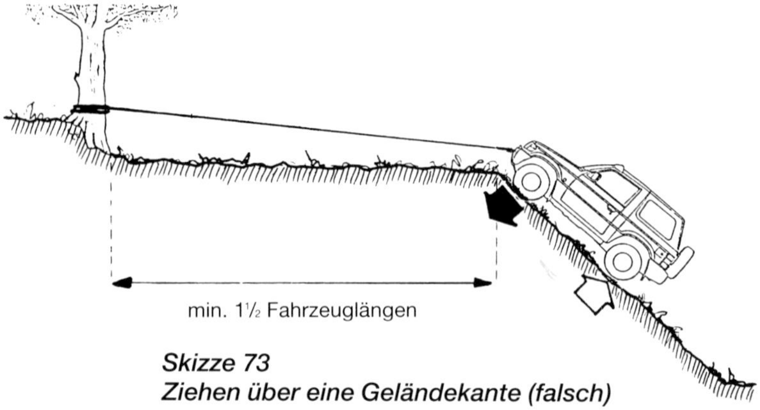

Skizze 73
Ziehen über eine Geländekante (falsch)

Es ist daher zweckmäßig, das Zugseil unter dem Fahrzeug durch am hinteren Rahmenende (Anhängerkupplung) zu befestigen. Soll der Wagen rückwärts über eine Geländekante gezogen werden, ergibt sich der gleiche Effekt – nur umgekehrt – und das Seil sollte deswegen unter dem Fahrzeug durch am vorderen Rahmenende angebracht werden.

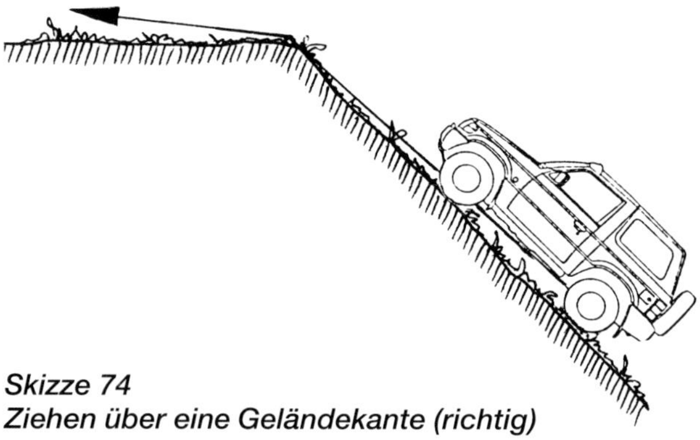

Skizze 74
Ziehen über eine Geländekante (richtig)

Um beim Zug über einen Geländeknick eine Beschädigung des Zugseiles zu verhindern, ist ein Balken, Rundholz oder ähnliches unterzulegen und gegen Wegrollen zu sichern.

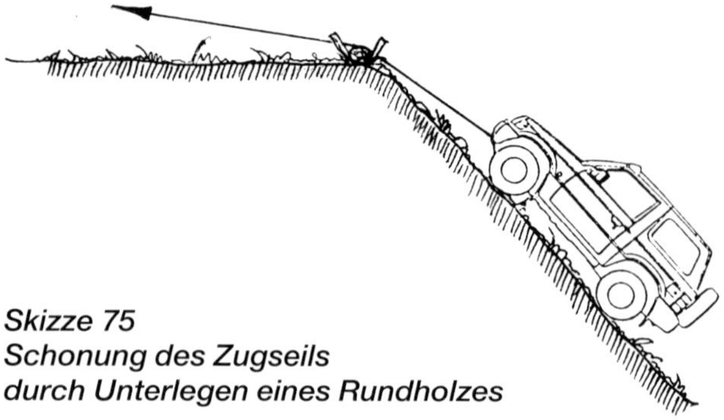

Skizze 75
Schonung des Zugseils durch Unterlegen eines Rundholzes

Eigenbergung

a) Gebräuchliche Flaschenzüge
Die Eigenbergung mit der Seilwinde ist sicher die häufigste Art, sein Fahrzeug wieder auf befahrbaren Grund zu bringen. Bei Geländekanten ist darauf zu achten, daß die Verankerung mindestens 1,5 Fahrzeuglängen hinter dem Knick liegt, über den sich Ihr Fahrzeug hochzieht, um für das Abstellen genügend Platz zu finden.

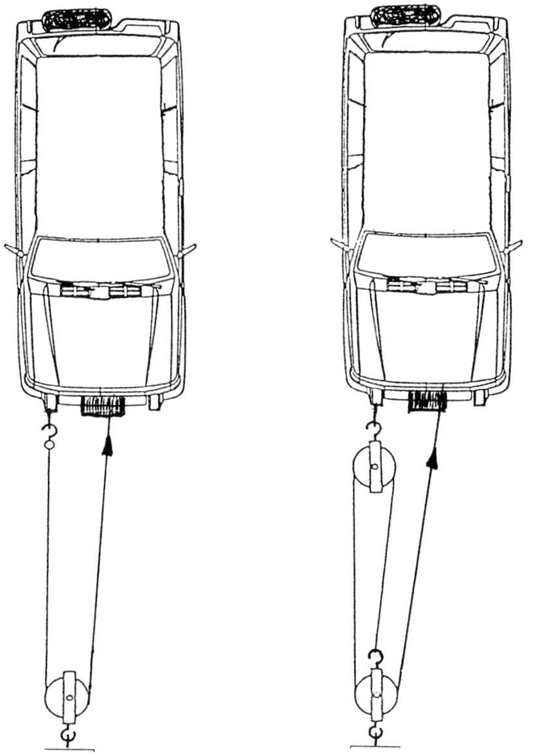

Skizze 76
Zwei Möglichkeiten Flaschenzüge einzusetzen

b) Zwillingsreifen
Bei doppelt bereiften Fahrzeugen, die keine Seilwinde haben, können auch die hinteren Räder als behelfsmäßige Winde verwendet werden. Zu diesem Zweck bindet man ein starkes Seil so zwischen die Zwillingsräder, daß sich das Seil beim Rückwärtsfahren aufwindet und das Fahrzeug aus dem Hindernis gezogen wird. Bei Fahrzeugen ohne Ausgleichssperre muß in diesem Fall bei jedem hinteren Zwillingsrad ein Seil verwendet werden. Diese Technik kann notfalls auch in Fahrtrichtung angewendet werden.

Skizze 77
Anbringen von Zugseilen an Zwillingsrädern

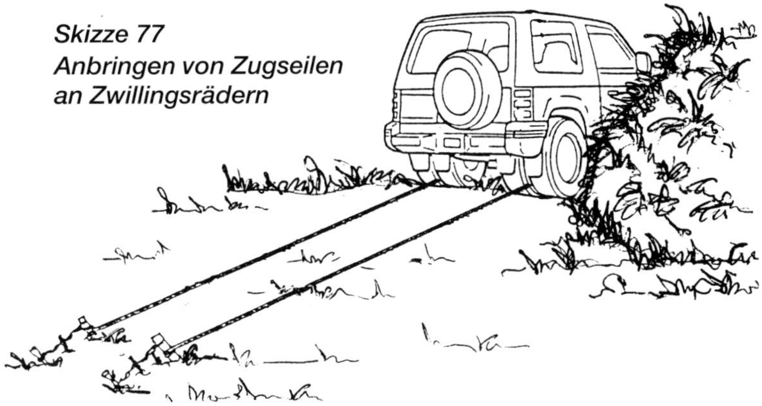

Fremdbergung

Anbei einige Lösungsvorschläge, wenn es zu einer Bergung durch ein fremdes Fahrzeug kommen sollte.

a) Direkter Zug sowie gebräuchliche Flaschenzüge

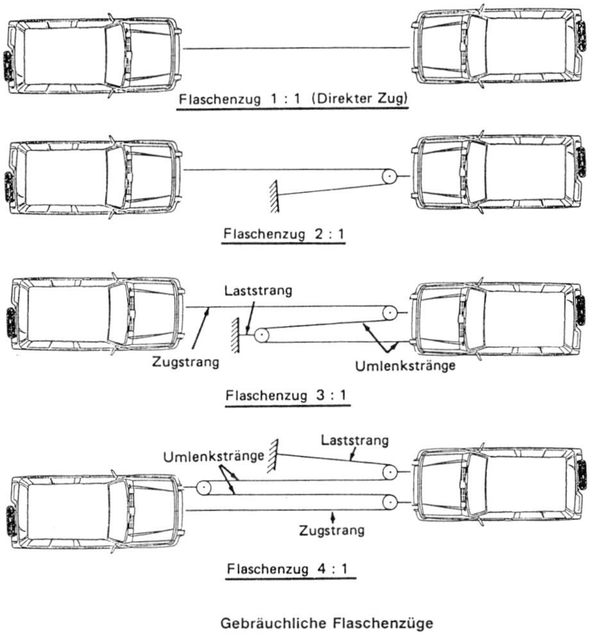

Skizze 78

b) Heben eines Fahrzeuges

Ist ein Fahrzeug mit den Rädern einer Achse in einen Graben eingebrochen, so kann es durch Heben mittels eines Hebekreuzes wieder flottgemacht werden. Zur Herstellung eines solchen Hebekreuzes werden zwei Balken (Rundholz oder Kantholz) in entsprechender Stärke verwendet. Die Balken werden nahe dem Ende mit einer Kette oder Abschleppseil zusammengebunden und bilden ein Kreuz, das zum Heben dient.

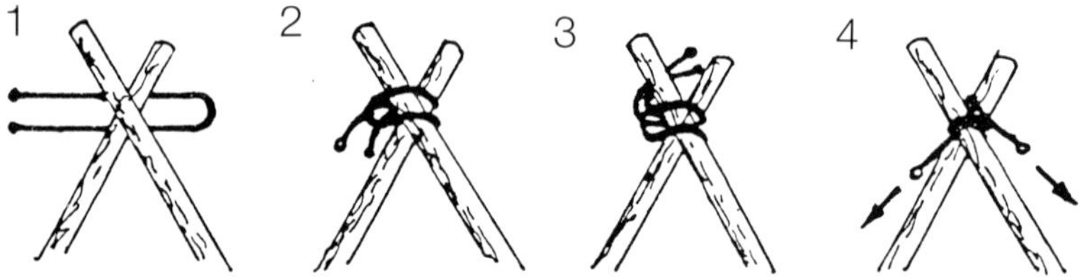

Skizze 79

Das Hebekreuz wird zum Fahrzeug hin geneigt aufgestellt, seine Fußpunkte werden in Löchern gelagert.

Die Seil- oder Kettenenden werden mit dem zu bergenden Fahrzeug beziehungsweise mit dem Zugseil des Bergefahrzeuges verbunden. Beim Anziehen richtet sich nun das Hebekreuz auf und hebt die eingebrochene Achse aus dem Graben. Nach Überbrücken oder Auffüllen des Grabens kann die Fahrt weitergehen.

Mit dem als Hebel wirkenden Hebekreuz können mit verhältnismäßig schwachen Zuggeräten auch schwere Fahrzeuge aufgehoben werden.

c) Aufrichten eines Fahrzeuges

Muß ein umgestürztes Fahrzeug wieder aufgerichtet, das heißt auf seine Räder gestellt werden, dann ist, wenn zu diesem Zweck ein zweites Fahrzeug eingesetzt werden kann, ein Flaschenzug herzustellen, so daß das betreffende Fahrzeug langsam und durch Anwendung einer entsprechenden Gegenkraft (Gegenzug) aufgerichtet wird. Es soll dabei nicht hart auf die Räder aufsetzen, da hierbei das Fahrwerk Schaden erleiden kann. Der zum Aufrichten eines umgestürzten Fahrzeuges erforderliche Flaschenzug ist daher besonders sorgfältig zu berechnen.

Skizze 80

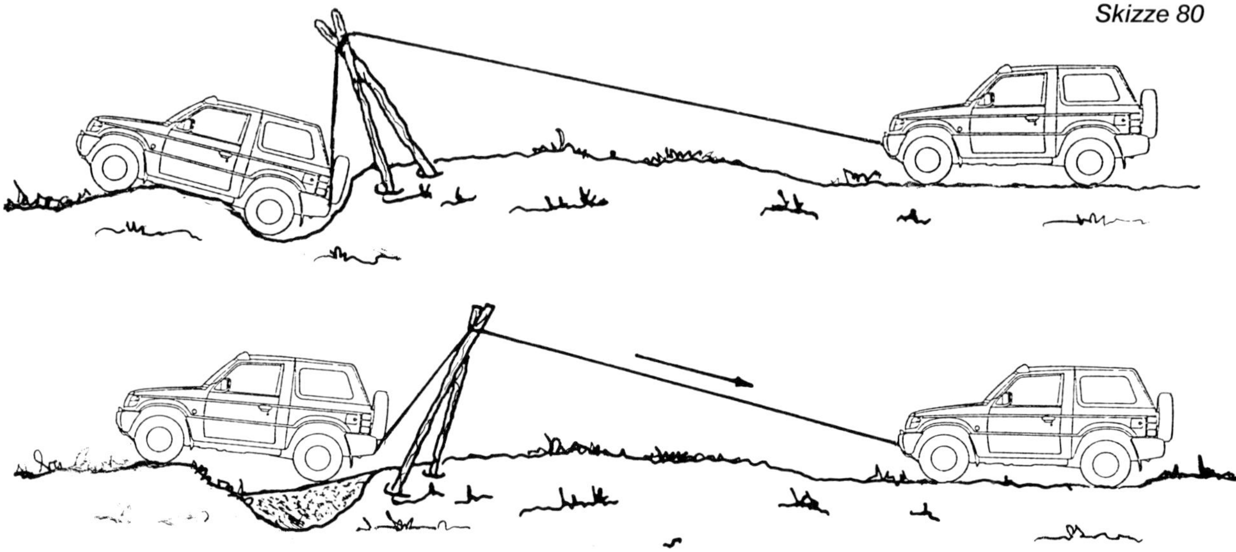

Skizze 81

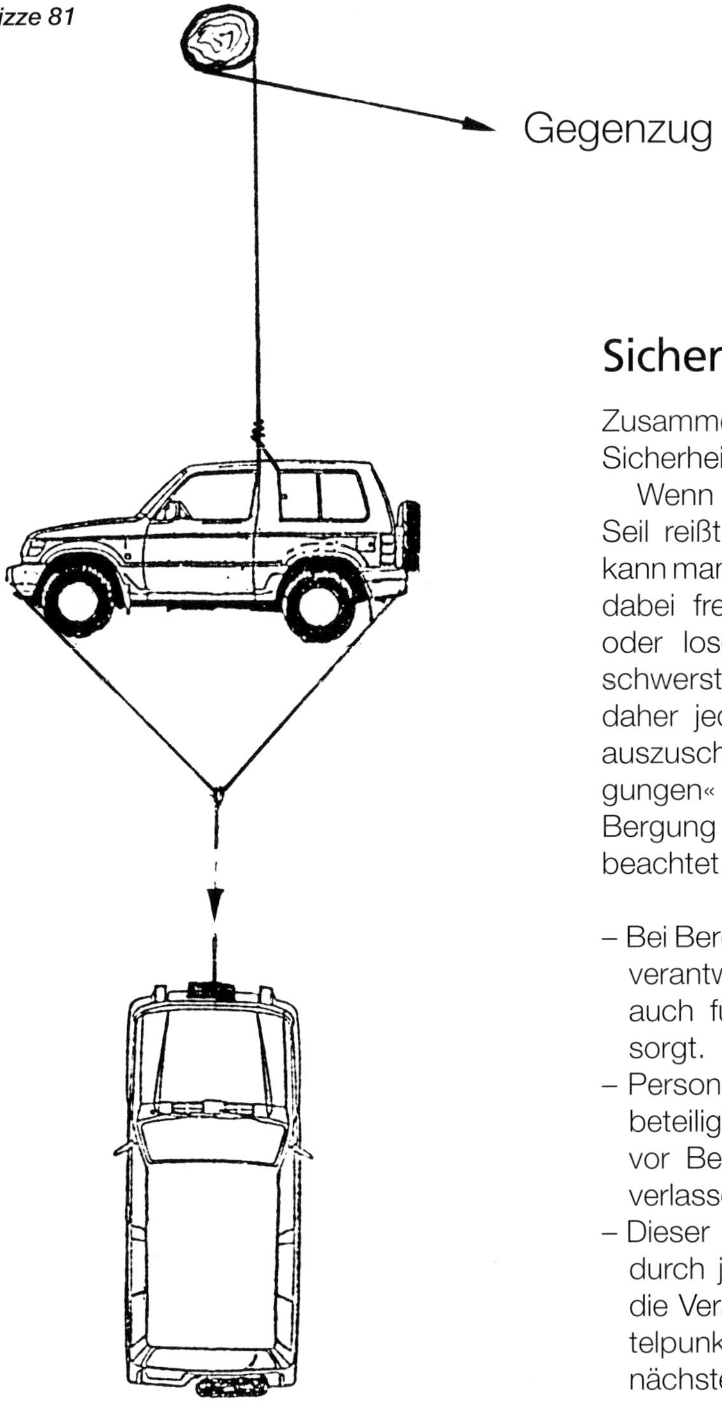

Sicherheitsregeln

Zusammenfassend ist auf eine Reihe von Sicherheitsüberlegungen hinzuweisen.

Wenn bei einer Bergung ein gespanntes Seil reißt oder sich eine Verankerung löst, kann man sich leicht vorstellen, welche Kräfte dabei frei werden. Peitschende Seilenden oder losgerissene Verankerungen können schwerste Verletzungen verursachen. Um daher jede Art von Gefährdung möglichst auszuschalten und auch kleinere »Beschädigungen« zu verhindern, müssen bei jeder Bergung nachstehende Sicherheitsregeln beachtet werden:

- Bei Bergearbeiten ist vor deren Beginn eine verantwortliche Person zu bestimmen, die auch für die Information aller Beteiligten sorgt.
- Personen, die an den Bergearbeiten nicht beteiligt sind, haben den Gefahrenbereich vor Beginn der eigentlichen Bergung zu verlassen.
- Dieser Gefahrenbereich bestimmt sich durch jene gedachte Kreisfläche, bei der die Verankerung den gedachten Kreismittelpunkt und die abgespulte Seillänge zur nächsten Verankerung den Radius bildet.

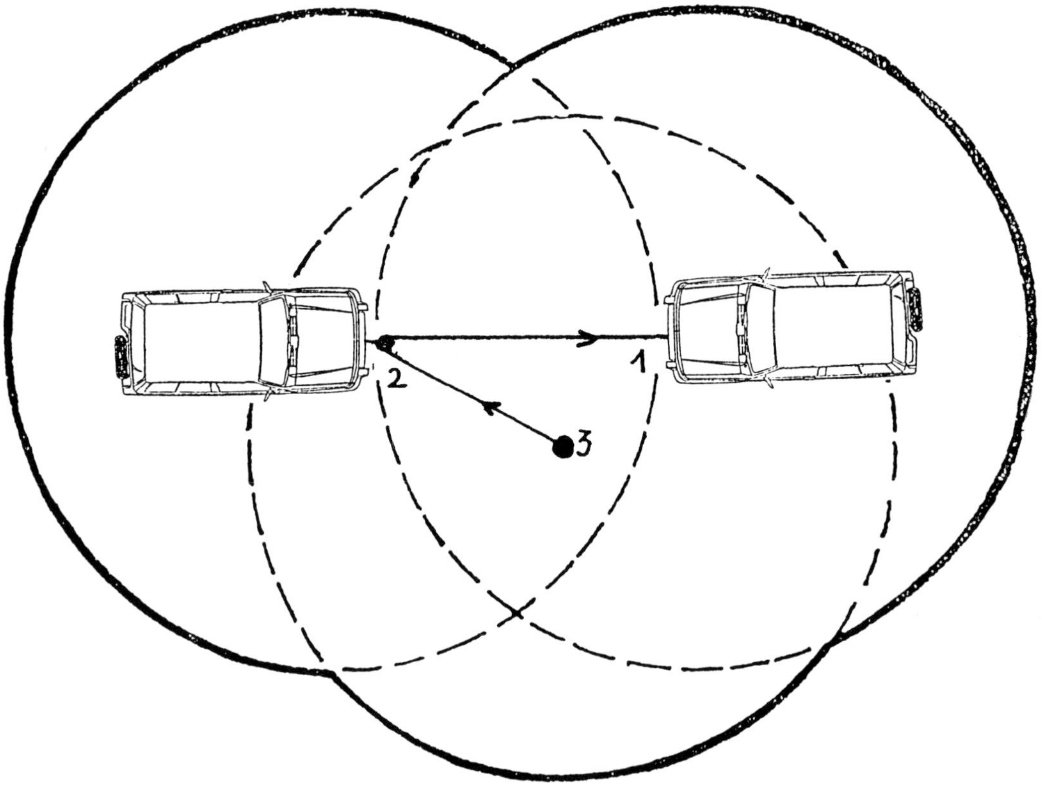

1 – Befestigung am ziehenden Kfz
2 – Umlenkrolle
3 – Verankerungsstelle

Skizze 82

- Es darf nur einwandfreies Bergematerial verwendet werden.
- Seile dürfen nicht in Schlingen gelegt und nicht geknickt werden.
- Seile sind langsam zu spannen, da sie bei ruckartigem Anziehen eher reißen können.
- Beim Hantieren mit Seilen – besonders mit Drahtseilen – sollten immer Arbeitshandschuhe getragen werden.
- Die Belastbarkeit von Winden, Seilen und Umlenkrollen soll nie völlig ausgeschöpft werden.
- Verankerungen müssen auf entsprechende Standsicherheit überprüft und bei zunehmender Belastung laufend beobachtet werden. Gibt eine Verankerung nach, so ist die Bergung aus Sicherheitsgründen sofort zu unterbrechen.

Bei entsprechendem Mondlicht sind weder Scheinwerfer noch Taschenlampe notwendig.

Auch in übersichtlichen Geländeabschnitten sollte die Fahrspur immer wohl überlegt sein.

Manchmal fehlt zum Gelingen nur ein kleines Stück.

Mit Hilfe von Seilen, einem kleinen Hubzug und einem Flaschenzug schafft man meist auch noch die letzten paar Meter.

Ein Hindernis fällt leichter, wenn man den Haltegurt daran möglichst weit oben befestigt. Eine Jacke, auf das gespannte Seil gelegt, kann im Falle eines Seilrisses das Wegschnellen des Seilendes abdämpfen. Trotzdem sollten sich so wenig Personen wie möglich im Gefahrenbereich aufhalten.

Eine Pendelsicherung schützt sowohl vor dem Umkippen als auch vor dem Abrutschen des Fahrzeugs. Das Befestigen des Seiles am Türholm ist am praktischsten.

Der Schwung sollte den Wagen gerade noch über die Kante tragen.

Im Gelände unvermeidbar: Beim Überfahren von Spurrillen oder Gräben muß man schon einmal Drei- oder Zweirad fahren...

...Dies kann selbst bei extrem langsamem Fahren passieren.

Tiefe Fahrrillen sollten zwischen die Räder genommen werden, um ein Aufsitzen zu vermeiden.

Wird der Schlamm nicht tiefer, ist das Bewältigen solcher Abschnitte keine schwere Aufgabe.

Hoch hinaus: Mit gleichbleibendem, langsamem Tempo sind solche Steilhänge bei griffigem Boden kein Problem.

Die Krönung eines Off-Road-Tages.

Ablauf einer Bergung und Berechnungsbeispiele

Der Ablauf einer Bergung

Entsprechend der sinnvollsten Reihenfolge für die Durchführung einer Bergung steht an erster Stelle die Erkundung des Geländeabschnittes im Umfeld des festgefahrenen Fahrzeuges. Als nächstes ist der beste Annäherungsweg für das eventuell zur Verfügung stehende zweite Fahrzeug festzulegen; meist ist dieser Annäherungsweg identisch mit dem Weg, den das zu bergende Fahrzeug genommen hat. Der Annäherungsweg sollte aber selbstverständlich so beschaffen sein, daß sich das Bergefahrzeug nicht selbst festfährt. Dieser Aufstellungsort sollte so gewählt werden, daß zunächst einmal die Durchführung der Bergung ohne Gefährdung von Menschen und bei größtmöglicher Schonung der Geräte gewährleistet erscheint. Weiter ist das Bergefahrzeug so aufzustellen, daß das Windenseil im rechten Winkel auf die Windentrommel aufgespult werden kann. Ist dies aus irgendeinem Grund nicht möglich, dann ist unter Verwendung einer Umlenkrolle das Seil so zu führen, daß der Zugstrang genau senkrecht auf die Windentrommel aufläuft.

Wesentlich für den Erfolg einer Bergung ist auch der Abstand des Bergefahrzeuges vom festgefahrenen Fahrzeug. Je größer dieser Abstand gehalten werden kann, umso mehr Leistung kann die Winde abgeben. Ein zu geringer Abstand zwischen den beiden Fahrzeugen verringert nicht nur die Windenleistung, sondern kann unter Umständen wegen Platzmangel sogar den ganzen Bergeversuch zum Scheitern bringen.

Die Erkundung hat sich auch auf die natürlichen und eventuell vorhandenen künstlichen Verankerungsmöglichkeiten in der Umgebung des Bergeortes zu erstrecken. Sind solche nicht gegeben, dann wird die Einrichtung entsprechender Verankerungspunkte in Betracht gezogen werden müssen.

Aufgrund der Erkundungsergebnisse sind nun die für die Bergung erforderlichen Berechnungen vorzunehmen. Dabei ergibt sich die folgende Reihenfolge:

1) Widerstand der Zuglast: Dieser ergibt sich, je nach Gegebenheit, aus dem Rollwiderstand, Steigungswiderstand und der Verminderung des Rollwiderstandes.
2) Erforderlicher mechanischer Vorteil nach der Faustformel: Widerstand der Zuglast dividiert durch Kraft des vorhandenen Zugmittels.
3) Widerstand des Flaschenzuges (Seilrollenwiderstand) nach der Faustformel: 10% des Widerstandes der Zuglast für jede im Flaschenzug verwendete Seilrolle.
4) Gesamtwiderstand nach der Faustformel: Widerstand der Zuglast plus Seilrollenwiderstand.
5) Erforderliche Zugkraft: Der Gesamtwiderstand wird durch den mechanischen Vorteil dividiert.
6) Belastung der notwendigen Laststränge nach der Formel: Zugkraft (am Zugstrang) multipliziert mit der Anzahl jener Seilstränge, die vom betreffenden Laststrang gehalten werden.

Nun gilt es die Bergung vorzubereiten:

1) Herstellung des geplanten und berechneten Flaschenzuges
2) Schaffung der Verankerungen
3) Festlegung des Gefahrenbereiches
4) Bergemannschaft außerhalb des Gefahrenbereiches bringen
5) Windenseil leicht spannen, dann Seilführung und Verankerungen auf richtige beziehungsweise sichere Befestigung aller Teile prüfen.

Bei der Durchführung der Bergung sind folgende Maßnahmen vorzunehmen:

1) Überwachung des Bergevorganges, Unterbrechen bei Gefahr
2) Gefahrenquellen beseitigen, Bergung fortsetzen.

Berechnungsbeispiele

Wir wissen also, daß wir vor der Einleitung einer Bergung eine Anzahl von Berechnungen durchzuführen haben, bevor wir entscheiden können, ob diese Bergung mit den gegebenen Mitteln und Möglichkeiten überhaupt machbar und, wenn ja, in welcher Form sie durchzuführen ist.

Nehmen wir folgende Situation an: Ihr Fahrzeug, ein Geländewagen mit circa 2000 kg Eigengewicht, hat sich auf einem aufgeweichten, bergaufführenden Weg festgefahren und steckt bis zu den Radachsen im Schlamm. Zur Bergung steht Ihnen eine kleine, extern zu verwendende Seilwinde (oder ein Seilzug) mit einer maximalen Zugleistung von 700 kg sowie das entsprechende Seil- und Rollenmaterial zur Verfügung. Was muß in diesem Fall errechnet werden?

1) Zunächst der Widerstand der Zuglast. Diese besteht in unserem Fall aus dem Rollwiderstand: Zur Ermittlung entnehmen wir der Tabelle 2 (siehe Seite 76): Schlamm bis zur Radachse = Fahrzeuggewicht × 1 = 2000 kg. Steigungswiderstand: Wir messen nach einer der angeführten Methoden einen Steigungswinkel von 10 Grad. Wir errechnen: 2000 kg × 10 : 60 = 340 kg. Verminderung des Roll- und Steigungswiderstandes. Da wir unser Fahrzeug in der eigenen Spur (Weg) bergen, können wir eine Verminderung um 10% annehmen. Der Widerstand der Zuglast ist daher: 2000 kg + 340 kg = 2340kg – 10% = circa 2100 kg.

2) Als nächstes ist der zur Lösung des Problems erforderliche mechanische Vorteil festzustellen. Wir rechnen wieder: Widerstand der Zuglast: verfügbare Windenleistung (angewendet auf unser Beispiel: 2100:700 = 3) Der mechanische Vorteil muß daher mindestens 3:1 betragen.

3) Um das zu erreichen, müssen wir einen Flaschenzug bauen. Für den erforderlichen mechanischen Vorteil von 3:1 benötigen wir zwei Seilrollen. Seilrollenwiderstand = Widerstand der Zugleistung mal Seilrollenzahl, geteilt durch 10 (2100 × 2 :10 = 420 kg).

Der Gesamtwiderstand, das heißt die Summe aller zu überwindenden Widerstände, ist somit circa 2500 kg. Die Kraft am Zugstrang – die zum Ziehen erforderliche Kraft – muß daher sein: Gesamtwiderstand dividiert durch den mechanischen Vorteil = 2500 : 3 = circa 830 kg.

Geht diese Rechnung auf, dann an die Arbeit. Aber hier, in unserem Fall? Haben wir die nötige Zugkraft? Nein! Also, was tun?

Wir wählen statt des einfachen Flaschenzuges mit dem mechanischen Vorteil von 3:1 einen Potenzflaschenzug (4:1), jedoch auch nur zwei Seilrollen. Damit bleibt der Gesamtwiderstand gleich; als Kraft am Zugstrang aber brauchen wir jetzt nur 2500 : 4 = 625 kg; und die haben wir zur Verfügung.

Nun gilt es die Belastung der notwendigen Lastsränge zu errechnen. Der Laststrang muß 4 Zugstränge halten, das heißt 625 kg × 4 = 2500 kg. Jedes doppelt genommene Kletterseil hält das leicht. Es kann losgehen!

Extremsituationen

Bremsen ohne Bremsen

Es ist zwar nicht sehr wahrscheinlich, daß im Gelände irgendwann einmal das komplette Bremssystem ausfällt oder so überlastet wird, daß die Bremsen mehr oder weniger unbrauchbar werden (Fading), aber gänzlich auszuschließen ist ein solcher Fall auch nicht. In fast der gleichen Situation befindet man sich, wenn die Bremsen zwar funktionieren, die Bremswirkung aber aufgrund extrem rutschigen Untergrundes gleich Null ist. In beiden Situationen gibt es verschiedene Möglichkeiten das Gelände, die Umgebung oder technische Gegebenheiten zur Verminderung der Geschwindigkeit zu nutzen.

Naheliegend ist es, in den nächstniedrigeren Gang herunterzuschalten. Dies leistet dem Material zwar nicht immer gerade einen Freundschaftsdienst, aber die Geschwindigkeitsverzögerung kann sehr effizient sein. Zu beachten ist dabei, daß man immer nur einen Gang herunterschaltet und nach dem Schalten langsam und gefühlvoll auskuppelt, um ein Blockieren der Räder zu verhindern; ebenso natürlich eine Beschädigung des Getriebes.

Verspricht diese Variante nicht den erwünschten Erfolg oder ist sie nicht durchführbar, so empfiehlt es sich, das vorhandene Gelände zum Bremsen auszunutzen – beispielsweise einen Gegenhang in der Fahrtrichtung. Man versucht also den Fahrzeugschwung durch Aufwärtsfahren oder -rollen an einem Gegenhang zu vermindern.

Als Alternative hierzu kann man den Wagen zum Beispiel auch in einen seichten Tümpel, in ein dichtes Gebüsch, in hochstehende Felder, in tiefen Schnee, tiefen Sand oder ähnliches steuern. Der erhöhte Reibungswiderstand an den Rädern bewirkt ein Abbremsen des Fahrzeugs – hoffentlich bis zum Stillstand.

Nur wenn keine andere Wahl bleibt, also in einem wirklichen Notfall, sollte man eine radikale Lösung des Problems anstreben:

a) Sie lassen das Fahrzeug im flachen Winkel an einem Hindernis entlangscheuern (etwa an Fels- oder Betonwänden, an steilen Abhängen oder Baumstämmen). Durch die entstehende Reibung wird so viel Schwung abgebaut, daß der Wagen schließlich zum Stillstand kommt.
b) Sie riskieren – aber wirklich nur im Notfall – eine gezielte Kollision mit einem Hindernis, das verformbar ist – wie zum Beispiel Heu- oder Erdhaufen.

Keine Frage, bei beiden Varianten muß man mit einer erheblichen Beschädigung des Fahrzeugs beziehungsweise gar mit einigen Verletzungen rechnen; unter Umständen könnte jede von beide aber die einzige Möglichkeit sein, zu überleben.

Überqueren von Eisflächen

Tragfähigkeit einer Eisfläche

Um die Tragkraft einer Eisfläche verläßlich festzustellen, muß deren Dicke gemessen werden und die Durchschnittstemperatur der drei vorangegangenen Tage bekannt sein. Ist die Möglichkeit zur genauen Ermittlung der Temperatur nicht gegeben, behilft man sich mit einer Schätzung. Von einer Schätzung auch der Dicke des Eises ist jedoch dringend abzuraten, weil nach Durchschlagen des Eises das Wasser im Loch sofort um 80% bis 90% der Eisdicke steigt und somit Ihre Schätzung trügt. Die Dicke des Eises kann aber folgendermaßen gemessen werden:

1) Fertigen Sie einen Meßstab an.

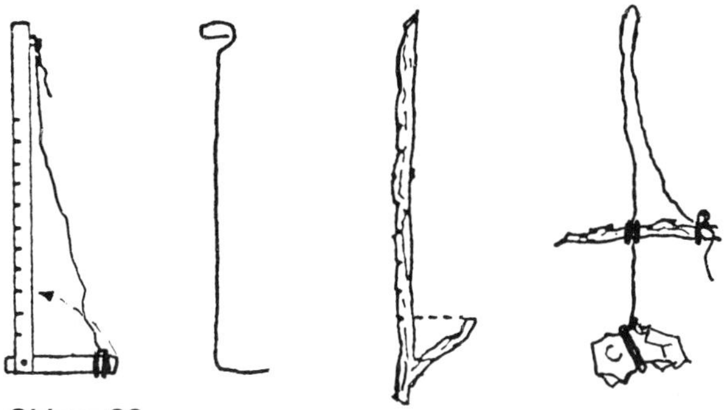

Skizze 83

Am einfachsten geht das mit einem circa 1 Meter langen Drahtstück, dessen unteres Ende circa 10 cm rechtwinklig abgebogen wird. Andere Möglichkeiten sind entsprechend geformte Äste, Latten mit kurzem, beweglichem Querstück am Ende (mit einer daran befestigten Schnur aufzuklappen), mit einem Stein beschwerte und einem darin eingebundenen Querholz (wie oben zu bewegen) versehene Schnurstücke oder ähnliche Konstruktionen.

2) Schlagen Sie ein Loch ins Eis.

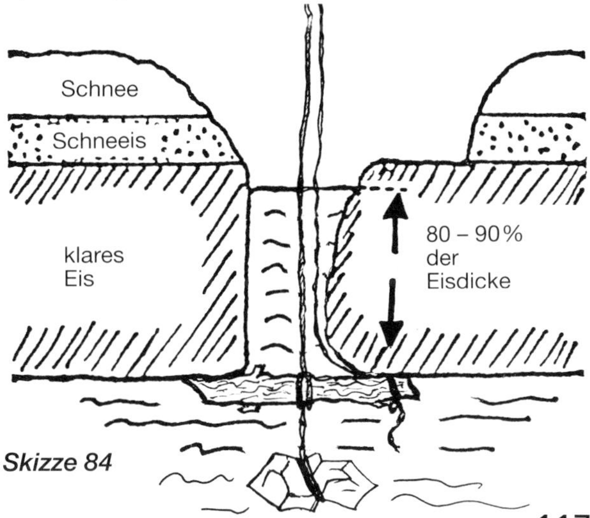

Skizze 84

Mit einem Pickel oder einer Hacke. Der Durchmesser des Loches muß ausreichen, um den Meßstab durchstecken zu können. Entfernen Sie am Rand des Eisloches Schnee und Schnee-Eis bis Sie das blanke Eis freigelegt haben. Messen Sie dann mit dem Meßstab die Stärke des Eises. Dazu schieben Sie diesen durch das Loch, führen ihn an den Eisrand und ziehen ihn so weit hoch, daß der Querteil des unteren Meßstabendes (Querholz, gebogenes Endstück) am unteren Eisrand anliegt. Markieren Sie nun die Höhe des oberen Eisrandes am Meßstab, ziehen Sie ihn wieder aus dem Loch und messen Sie den Abstand vom unteren Querteil bis zur Markierung. Damit haben Sie die Dicke der Eisdecke.

Um die Eisstärke entlang eines längeren Weges zu messen, sind in Abständen von circa 10 m entlang der geplanten Fahrspur (10 m rechts und links davon) Meßlöcher zu schlagen.

Die der gemessenen Eisstärke zuzuordnende Tragfähigkeit entnehmen Sie der nachstehenden Tabelle.

Belastung durch	Durchschnittstemperatur während der letzten 3 Tage						erforderliche Mindestabstände bei Personen oder Fahrzeugen
	– 10° C		– 5° C		0° C		
Einzelperson auf Schiern oder Schneereifen	3 cm		3,5 cm		4 cm		5 m
Fußgänger	4 cm		4 cm		5 cm		4 m
Räder-fahrzeuge	leer	be-laden	leer	be-laden	leer	be-laden	
Kfz 0,25 t (1000 kg)	15 cm	18 cm	18 cm	20 cm	20 cm	23 cm	15 m
Kfz 0,75 t (2000 kg)	18 cm	21 cm	21 cm	23 cm	23 cm	26 cm	15 m
Kfz 1,5 t (3000 kg)	20 cm	25 cm	22 cm	27 cm	25 cm	30 cm	20 m
Kfz 3 t (6000 kg)	25 cm	31 cm	27 cm	34 cm	30 cm	39 cm	25 m
Kfz 5 t (10.000 kg)	31 cm	39 cm	34 cm	43 cm	39 cm	49 cm	30 m

Tabelle 10

Die Werte beziehen sich auf klares, kompaktes Eis und sind bei blasigem, weniger dichtem Schnee-Eis zu halbieren. Bei Tauwetter nimmt die Tragfähigkeit der Eisdecke durch Aufweichen auch dann stark ab, wenn deren Stärke noch unverändert ist.
Reicht die Tragfähigkeit einer Eisdecke nicht aus, kann die Eisdecke verstärkt werden durch:

a) Wasser
Dieses muß in dreifacher Wegbreite aufgegossen werden. Um ein seitliches Wegrinnen zu verhindern, sind beiderseits Schnee- und Eismauern zu errichten. Die Schichtdicke des Wassers soll 1 bis 2 cm nicht überschreiten, wobei zu beachten ist, daß mehrere Schichten übereinander aufgetragen werden. Es handelt sich dabei um eine langwierige Prozedur, die nur bei Temperaturen unter minus 8 Grad Celsius anwendbar ist. Eine zusätzliche Verstärkung der Eisschicht bewirkt das Beimengen von Gras, Laub, Stroh oder ähnlichem, wodurch vor allem ein plötzliches Durchbrechen verhindert wird.

Material	Dicke der Verstärkungsschicht	benötigtes Material für eine 4 m breite Fahrbahn	Verstärkung in %, bezogen auf eine 15 cm starke Eisdecke
Wasser und Schnee, 3 Lagen	insgesamt ca. 5 cm		ca. 20%
Gras, Laub, Stroh	insgesamt ca. 10 cm	ca. 1 m^3 auf 4 Laufmeter	25%
Eisblöcke	abhängig von Größe und Stärke der Eisblöcke		bis zu 35%
Knüppel, Bretter, 5 cm stark	5 cm	2 Fahrspuren zu je 1 m Breite	ca 50%

Tabelle 11

b) Eisblöcke
Ausgeschnittene oder gebrochene Eisblöcke werden in doppelter Wegbreite aufgelegt und die Fugen mit Eismatsch geschlossen. Dieser friert sehr schnell an und festigt dabei die Eisblöcke. Ist das erforderliche Werkzeug vorhanden, läßt sich diese Methode sehr rasch und wirkungsvoll anwenden.

c) Knüppel, Bretter und dergleichen
Dabei genügt es, pro Rad eine circa 1 m breite Spur zu legen. Die Knüppel werden in entsprechender Länge zugeschnitten, nebeneinander aufgelegt und mit Eismatsch verbunden. Dies bringt die besten Verstärkungswerte, die Methode ist allerdings von Art und Menge des verfügbaren Holzes abhängig.

Die Wirkung dieser Verstärkungen kann aus Tabelle abgelesen werden.

Wahl des Weges

Bei der Wahl des Weges ist auf folgende Gefahren besonders zu achten:

- In Ufernähe ist das Eis meist dünner, liegt manchmal hohl auf und bricht daher leichter. Hohlräume unter der Eisfläche aufgrund von Wasserstandsänderungen haben den gleichen Effekt.
- Strömung kann bewirken, daß an Engstellen das Eis schwächer ist. Das gleiche gilt für die Einmündung von Zuflüssen.
- Warme Quellen sind besonders gefährlich, weil sie die Eisdecke zwar stark verdünnen, diese Schwächung jedoch optisch oft nicht erkennbar ist.
- Aufgrund der isolierenden Wirkung von Schnee ist das Eis unter einer dicken Schneedecke meist dünner als an schneefreien Stellen.

Unter Berücksichtigung dieser Gefahrenquellen ist der beabsichtigte Weg festzulegen und zu Fuß genau zu erkunden. Die Sicherstellung der Tragfähigkeit der Eisdecke über die gesamte geplante Wegstrecke kann mit den bisher besprochenen Techniken gewährleistet werden.

Fahrtechnik

Beim Befahren einer Eisfläche ist nach folgenden Regeln vorzugehen:

- Die Auffahrt auf das Eis sollte nicht steiler als maximal 15 Grad sein. Damit wird ein Aufprall auf das Eis und in der Folge Wellenbildung unterhalb der Eisdecke verringert beziehungsweise ganz vermieden.
- Fahren Sie vorsichtig und zügig, aber ohne zu schalten. Halten oder wenden Sie nicht.
- Zur Verringerung der Vibrationen und der Wellenbildung halten Sie eine gleichmäßige Geschwindigkeit zwischen 6 und 8 km/h ein.
- Legen Sie beim Überqueren einer Eisfläche ausnahmsweise den Sicherheitsgurt nicht an. Wenn möglich, öffnen Sie für den Fall des Falles die Türe oder wenigstens das

Fenster. Überprüfen Sie ständig die Fahrbahn, besonders auf parallel dazu verlaufende Risse im Eis.

- Die Ausfahrt von der Eisfläche auf das Ufer sollte flacher als die Einfahrt sein, höchstens aber 10 Grad betragen.
- Erscheint eine Fahrt mit vollgeladenem Fahrzeug zu riskant, verteilen Sie die Fracht auf mehrere Fahrten. Bei mehreren Fahrzeugen überqueren Sie die Eisfläche am besten einzeln. Ist das nicht möglich, halten Sie sich unbedingt an die in der Tabelle 10 angegebenen Mindestabstände.
- Versuchen Sie bei Einbrechen ins Eis auf jeden Fall, das Fahrzeug so rasch wie möglich zu verlassen, damit Sie gar nicht erst ins Wasser geraten. Die Wassertemperatur unter der Eisfläche beträgt zwischen 0 Grad und 4 Grad Celsius, das heißt, daß bereits nach 20 bis 30 Sekunden Aufenthalt im Wasser durch Kälteschock ein schwerer Gefäßkollaps oder gar ein Herzstillstand eintreten kann. Da sich ein möglicher Eiseinbruch durch Knirschen, Knacken und durch ein Absenken der Eisdecke ankündigt, haben Sie bei Einhalten der Fahrregeln gute Chancen, rechtzeitig aus dem Fahrzeug zu kommen.

Sturz ins Wasser

Eine besonders gefährliche Situation entsteht dann, wenn Sie mit Ihrem Fahrzeug, sei es aus Unachtsamkeit, zu hoher Geschwindigkeit oder aufgrund eines Fahrfehlers in tieferes Wasser stürzen. Meist wird dabei nach dem Aufprall auf die Wasseroberfläche Ihr Auto – mit den Rädern nach unten – für eine kurze Weile in einen Schwebezustand geraten, bevor es, bei rasch einströmendem Wasser meist front- manchmal auch hecklastig (Motorgewicht) versinkt.

Wie Sie diese Gefahr überstehen, entscheidet sich in jenen wenigen Augenblicken, in denen Sie von der Strecke abkommen und Ihr Fahrzeug noch nicht im Gewässer versinkt – vorausgesetzt, Sie sind voll handlungsfähig, also weder schwerer verletzt noch benommen oder im Schockzustand. Denn innerhalb dieses Zeitraumes müssen Sie sich mental auf Ihre Rettung vorbereiten. Ohne lange zu überlegen, müssen die nachfolgenden Schritte beherzigt werden, denn es geht um Sekunden:

- Öffnen Sie den Sicherheitsgurt sofort nach dem Aufprall auf der Wasseroberfläche.
- Hocken oder knien Sie sich auf Ihren Sitz. So können Sie sich beim Aussteigen auch gegen den Druck eventuell bereits einströmenden Wassers besser abstoßen.
- Kurbeln Sie die Fensterscheibe herunter; wenn nötig, schlagen Sie sie ein.
- Steigen Sie durch die Fensteröffnung rasch, am besten rücklings aus (Kopf voraus). Unterstützen Sie Ihren Aufwärtsschwung durch Abstoßen mit den Füßen vom Sitz und indem Sie sich mit den Händen an der Regenrinne, am Gepäckträger oder an der Seitenwand aus dem Fahrzeug ziehen. Befinden sich zwei Personen im Fahrzeug, sollte die Aktion idealerweise gleichzeitig erfolgen, um ein Kippen des Fahrzeugs zu verhindern.

- Versuchen Sie nie, die Türen zu öffnen. Es wird Ihnen wegen des hohen, von außen dagegenwirkenden Wasserdrucks ohnehin nicht gelingen, und Sie vergeuden nur wertvolle Zeit.

Wurden Sie aber beim Abkommen von der Piste oder beim Aufprall des Fahrzeugs aufs Wasser verletzt, schlug das Fahrzeug seitlich oder mit dem Dach zuerst auf oder Sie schaffen es aus anderen Gründen nicht rechtzeitig auszusteigen, bietet sich eine zweite Chance:

- Warten Sie, bis das Fahrzeug voll Wasser ist! Das Hauptproblem hierbei ist, daß Sie beim Warten den hohen psychischen Druck nicht aushalten könnten und in Panik geraten. Machen Sie sich deshalb immer wieder klar, daß Sie über ausreichend Zeit verfügen werden. Denn das in das Fahrzeug eindringende Wasser steigt relativ langsam und drückt dabei im Wageninneren Luft an das Fahrzeugdach. Dieser Sauerstoffvorrat wird Ihnen das Leben retten.
- Nach dem Aufprall öffnen Sie den Sicherheitsgurt und hocken oder knien sich auf den Sitz.
- Das eindringende Wasser wird verschmutzt und trüb sein, spült allerlei schwimmfähige Gegenstände mit und verstärkt den kurzzeitigen Verlust Ihrer Orientierung. Auch wird die Sicht dadurch erheblich beeinträchtigt. Stellen Sie sich darauf ein und beseitigen Sie außerdem im Fahrzeuginneren schwimmende Gegenstände, die Sie beim Aussteigen stören könnten!
- Atmen Sie ruhig! Sie verbrauchen sonst zuviel Sauerstoff. Die nach oben gedrückte Luft wird komprimiert und bildet im höchstgelegenen Teil des Autos eine Luftblase, die Ihren Atemvorrat für eine kurze Zeit sicherstellt. Bleiben Sie so lange wie möglich mit Mund und Nase in dieser Luftblase.
- Erst wenn der Wagen so gut wie vollgelaufen ist, lassen sich die Türen öffnen, da jetzt sowohl außerhalb des Wagens als auch im Innenraum der gleiche Wasserdruck herrscht. Atmen Sie noch einmal tief ein, öffnen Sie die Tür und steigen Sie aus. (Auch das Aussteigen durch ein Fenster ist möglich.)
- Öffnen Sie während des Auftauchens den Mund und lassen Sie die Luft bewußt entweichen. Es besteht sonst die Gefahr, daß sich unter dem Druck der eingeatmeten Luft Ihre Lungen zu stark ausdehnen, was eventuell zu Lungenrissen führen kann. Es muß allerdings darauf hingewiesen werden, daß aus Tiefen über 20 Metern die Chance eines unbeschadeten Auftauchens gering ist.

Fahrzeugüberschlag

Die Möglichkeit, sich mit dem Fahrzeug überschlagen zu können, gehört zu den Alpträumen jedes Autofahrers. Gerade im Gelände aber muß man auf diese Situation vorbereitet sein, da mißungene Fahrmanöver ein Überschlagen zur Folge haben können. Zumeist reagieren Betroffene in solchen Augenblicken falsch. Wenn das Fahrzeug auf dem Dach liegen bleibt öffnen sie zum Beispiel den Gurt und riskieren dabei, in ein Meer aus Glasscherben zu stürzen oder sich im Extremfall gar das Genick zu brechen. Richtig ist folgende Verhaltensweise der Fahrzeuginsassen:

- Legen Sie eine Hand zum Schutz über den Kopf.
- Mit der anderen Hand fassen Sie den Gurtverschluß.
- Stemmen Sie die Beine fest gegen das Armaturenbrett und pressen Sie den Körper in den Sitz.
- Öffnen Sie das Gurtschloß.
- Verringern Sie den Druck der Beine etwas und lassen Sie sich – seitlich drehend – langsam aus dem Sitz herausgleiten.

Fahren ohne Licht

Auch das Fahren bei Dunkelheit gehört zu den Extremsituationen, denn gemeint ist hier nicht das Fahren mit Licht oder bei schlechter Sicht, sondern das Fahren ohne künstliche oder natürliche Beleuchtung, also bei »absoluter« Dunkelheit. Zugegeben, ein nicht gerade häufiger Fall – aber wer kann schon absolut sicher sein, nicht doch einmal in eine solche Situation zu geraten, als Off-Roader, im Beruf oder im Abenteuerurlaub, nach einem Defekt in der Lichtanlage und weit weg von jeder »Zivilisation«? Daher sollen auch für diesen Fall einige Tips gegeben werden.

Oberster Grundsatz muß sein: Fahren Sie so langsam wie nur irgend möglich, am besten im 1. Gang. Erkunden Sie den zu fahrenden Weg zuerst zu Fuß – und wenn Sie es auf allen vieren tun. Aber tun Sie es! Ihr Weiterkommen wird zwar nicht berauschend schnell sein, aber Sie werden dann mit Ihrem Auto auch nicht in einem Loch, in einem Graben, an einem Baum oder am Fuße eines Felsabbruches landen.

Reicht das Sternenlicht für eine Sicht von 1 bis 2 m, können die Erkundungsabschnitte zu Fuß und somit auch die jeweiligen Fahrstrecken länger sein. Beim Fahren öffnen Sie am besten die Tür und orientieren sich am Rand des befahrenen Weges oder Geländestreifens.

Im dichten Wald schauen Sie in kurzen regelmäßigen Abständen zum Himmel. Dort ist es fast immer heller als am Boden ringsum und der Verlauf eines Weges oder einer Schneise ist zumindest vage zu erkennen.

Haben Sie einen Partner, dann ist alles leichter – frei nach dem Motto: Geteilte Arbeit ist halber Zeitaufwand. Markieren Sie Ihren Partner am Rücken mit einem weißen Tuch, rückstrahlender Folie oder dergleichen, und lassen Sie ihn den Weg zu Fuß erkunden. Meist wird es Ihnen möglich sein, dieser Markierung unverzüglich zu folgen. Auch Zurufe sind hilfreich. Halten Sie aber bei Kontaktverlust den Wagen sofort an, um Ihren Partner, der vielleicht gestürzt oder abgerutscht ist, nicht zu überrollen oder ihm mit dem Fahrzeug hinterherzustürzen. Ist die Sicht etwas besser, lassen Sie ihn auf einem der vorderen Kotflügel oder auf der Stoßstange Platz nehmen. Von dort aus sieht er weiter als Sie und kann Sie rechtzeitig einweisen.

Auch unter Ausschöpfung aller Möglichkeiten ist diese Art, Auto zu fahren, äußerst anstrengend und ganz bestimmt keine Freude.

Autobrand

Es kann nicht ausgeschlossen werden, daß Ihr Fahrzeug, sei es bei einem Unfall, durch Kurzschluß, aus Unachtsamkeit oder aus anderen Gründen einmal in Brand gerät. Wesentlich wahrscheinlicher ist allerdings, daß Sie als Unbeteiligter in die Lage kommen, bei einem Autobrand anderen Personen helfen zu müssen. Auch der größte Brand beginnt seine Laufbahn als kleiner Entstehungsbrand. Durch richtigen, vor allem raschen Einsatz der ersten Löschhilfe können erfahrungsgemäß rund 80% aller dieser kleinen Entstehungsbrände erfolgreich bekämpft werden. Das heißt: Je rascher man mit dem Löschen beginnt, desto größer sind die Erfolgschancen.

Als planmäßig dafür vorgesehenes Mittel sollte daher in keinem Fahrzeug ein Handfeuerlöscher fehlen. Meist handelt es sich dabei um Trockenfeuerlöscher, die mit Löschpulver arbeiten und deren hauptsächliche Löschwirkung auf dem Prinzip des Erstickens der Flammen beruht. Die Kenntnis der Bedienungsvorschriften des jeweiligen Modells ist Grundbedingung für die richtige und rasche Anwendung und darf daher vorausgesetzt werden.

Um bei der Brandbekämpfung Unfälle, Verzögerungen oder Fehlleistungen zu vermeiden und den Löscheigenschaften der eingesetzten Mittel größtmögliche Wirkung zu verleihen, müssen noch einige grundlegende Einsatzregeln Beachtung finden:

- Bei Trockenlöschern unbedingt die Aufladezeit abwarten; das ist die Zeit zwischen dem ersten Einströmen des Treibgases und der Einsatzbereitschaft des Gerätes. Sie ist je nach Typ verschieden, beträgt jedoch mindestens 3 Sekunden.
- Flammen und Rauch behindern das Löschen. Löschen Sie daher stets mit dem Wind im Rücken und von vorne nach hinten.
- Nicht sinnlos in die Flammen sprühen, sondern gezielt von unten nach oben löschen.
- Bei Kleinbränden abstellbare Handfeuerlöscher nicht in einem Zug völlig entleeren, sondern die Brände durch kurze Löschmittelstöße löschen. Wenn möglich eine Löschmittelreserve zurückbehalten.
- Den ersten Pulverstoß auf den Boden richten und schon vor dem eigentlichen Brandherd (circa 1 m) mit dem Löschen beginnen.
- Der Pulverwolke nachdrängen, zwischen den Pulverstößen auf Rückzündungen aus »toten Winkeln« achten und darauf sofort mehrere kurze Pulverstöße richten.
- Sind mehrere Geräte vorhanden, dann diese nicht einzeln nacheinander einsetzen werden, sondern gemeinsam mit mehreren Geräten zugleich löschen.
- Bei brennenden Flüssigkeiten in offenen Behältern keinesfalls mit vollem Pulverstrahl von oben das Feuer bekämpfen, sondern eine Pulverwolke sanft über das gesamte brennende Objekt legen.
- Flammen im Bereich von Benzinleitungen und des Fahrzeugtanks sind besonders gefährlich, da es zu explosionsartiger Brandentwicklung kommen kann. Daher solche Gefahrenherde als erste löschen.

– Nach dem Löschen des Brandes das eingesetzte Löschgerät bei nächster Gelegenheit neu auffüllen lassen, auch wenn es zur Löschung des Brandes nur teilweise entleert werden mußte.

Ist kein Feuerlöscher vorhanden, kann mit Sand, Staub, Erde und im Winter auch mit Schnee versucht werden, die Flammen zu ersticken. Auch Decken oder Bekleidungsstücke, alles, was gerade greifbar ist, kann dazu verwendet werden. Allerdings ist der Wirkungsgrad dieser Behelfe wesentlich geringer; auch deshalb, weil sie nicht immer in ausreichender Menge verfügbar sind. Aus demselben Grund wird auch Wasser zum Löschen eher selten Verwendung finden.

Waldbrand

Jährlich gehen zigtausend Quadratkilometer Wald- und Buschfläche in Flammen auf. Wenn man sehr großes Pech hat, ist man selbst einmal beim Off-Road-Fahren mit seinem Fahrzeug mitten drin – ein Alptraum. Trotzdem sollte man sich gedanklich mit dieser Situation auseinandersetzen. Möglichkeiten haben Sie in einem solchen Fall nur wenige: Entweder Sie bekämpfen den Brand, oder Sie fliehen. Folgende Überlegungen ergeben sich: Lassen es die Ihnen zur Verfügung stehenden Mittel überhaupt zu, den Brand erfolgreich zu bekämpfen? Wenn dies nicht der Fall ist, bleibt Ihnen notwendigerweise nur die Flucht und der Versuch, die zuständigen Behörden zu informieren. Spielen Sie nicht den Helden!

Je umfangreicher ein Brand ist, um so mehr Zeit brauchen Sie sowohl zur Brandbekämpfung als auch zur Flucht. Aus der geschätzten Ausbreitungsgeschwindigkeit und der Hauptrichtung des Brandes kann überschlagsmäßig der Zeitpunkt ermittelt werden, zu dem Sie der Brand erreichen wird. Dabei muß jedoch beachtet werden, daß sich die Windrichtung in kürzester Zeit um bis zu 90 Grad ändern kann. Im allgemeinen kann man eine Brandgeschwindigkeit von 200 bis 500 Metern pro Stunde annehmen. Bei starkem Wind und Großbränden wurden aber schon Geschwindigkeiten bis zu 5 Kilometern pro Stunde beobachtet.

Ihr Überleben hängt unter Umständen davon ab, daß Sie Ihren jeweiligen Standort richtig einschätzen: Besteht die Gefahr, daß Sie über kurz oder lang vom Feuer eingeschlossen werden? Vergewissern Sie sich welche und wieviel Fluchtwege Ihnen offenstehen. Befinden sich zwischen Ihnen und dem Feuer natürliche Hindernisse oder Voraussetzungen, die den Brand in Ihre Richtung aufhalten oder begünstigen könnten? Riskieren Sie es auf keinen Fall, daß Ihnen durch das Feuer der letzte Fluchtweg abgeschnitten wird. Gibt es in der Umgebung einen Ihnen erreichbaren Ort, der vom Feuer verschont bleiben dürfte (Gewässer, großes Felsenareal usw.)? Suchen Sie diesen auf, wenn Ihnen eine Flucht nicht mehr möglich ist. Wenn Sie zu zweit oder mit mehreren Personen unterwegs sind, obliegt es Ihnen für jedwede Maßnahme die Leistungsfähigkeit jedes einzelnen Teilnehmers zu berücksichtigen. Noch einmal: Sicherheit und Gesundheit gehen vor Heldentum!

Brandbekämpfung

Brandbekämpfungsmaßnahmen sollten nach Möglichkeit dort beginnen, wo vom Feuersaum die größte Bedrohung für Sie ausgeht. Von dieser Regel sollte man nur abweichen, wenn sichergestellt ist, daß die Feuerfront durch Hindernisse zum Stehen gebracht werden kann.

Je nach Anzahl der Personen und den zur Verfügung stehenden Mitteln wird dann die Brandbekämpfung durchgeführt. Dabei wird versucht, eine Bresche in den durchgehenden Feuersaum zu schlagen und diese nach den Seiten hin zu erweitern. Seitlich der Bresche erlöschen die Flammen leichter, und auch die Hitze läßt rasch nach.

Erfolgt die Brandbekämpfung mit Behelfsmitteln wie Ästen, Bekleidungsstücken, Dekken, Spaten oder ähnlichem, dann ist nach folgenden Grundsätzen vorzugehen: Am besten schlagen mehrere Personen im gleichen Rhythmus kräftig auf die Flammen. Wenn dabei mögliches Unterholz die Löscharbeiten behindert, wirft man Sand oder Erde in die Flammen.

Kann die Brandbekämpfung mit Wasser erfolgen – wobei Gefäße und auch Behelfe jeder Art wie Plastiksäcke oder Kappen verwendet werden können – dann ist folgendermaßen vorzugehen: Gehen Sie so nahe wie möglich an den Feuersaum heran, denn dadurch wird die Wirkung des hineingeschütteten Wassers wesentlich gesteigert. Richten Sie den Wasserschwall gegen den Feuerfuß. Sobald eine Bresche erzielt wurde, gießen Sie das Wasser seitlich gegen den Feuersaum.

In besonders dichten Waldteilen (Dickungen) ist die Brandbekämpfung leichter. Der Wind kann nicht antreiben, wodurch der Brandfortschritt sehr gering ist.

Sind Sie vom Feuer eingeschlossen, bewahren Sie auf jeden Fall Ruhe. Man muß sich bewußt sein, daß nur der relativ schmale Feuersaum in Flammen steht. Beim Durchlaufen oder Durchfahren dieses Feuersaumes sollten Sie die Atmungsorgane – wenn nur irgendwie möglich möglich – mit einem nassen Tuch schützen.

Flucht

Übereilen Sie bei der Flucht nichts. Selbst bei einer sehr hohen Abbrandgeschwindigkeit von mehr als 3 Kilometern pro Stunde wird Ihr Fahrtempo zur Flucht ausreichen. Nur schwieriges, wegloses und kaum befahrbares Gelände oder eine noch höhere Abbrandgeschwindigkeit könnten Sie in Gefahr bringen.

Folgende Maßnahmen sind bei einer Flucht zu empfehlen: Beurteilen Sie, bevor Sie fliehen, das Gelände und suchen Sie den für Sie am günstigsten und leichtesten zu befahrenden Fluchtweg. Vermeiden Sie es unbedingt, der Feuerfront vielleicht bergauf auszuweichen. Haben Sie keine andere Möglichkeit, dann durchfahren Sie lieber den Feuersaum, um in den dahinterliegenden, bereits abgebrannten Bereich zu kommen. Das Risiko bleibt für Sie so auf jeden Fall kleiner. Flammen bis zu einer maximalen Höhe von 70 bis 80 cm können durchaus rasch durchfahren werden.

Zuflucht im Auto I: Schutz vor Blitzschlag

Ob man es glauben will oder nicht – Fahrzeuge bieten ausgezeichneten und vielseitigen Schutz. Am deutlichsten wird das bei Zusammenstößen oder Überschlägen. Aber es gibt auch andere Situationen, in denen es bei Nutzung all seiner Möglichkeiten zum lebensrettenden Helfer werden kann.
Täglich gehen auf der Erde rund 45 000 Gewitter mit etwa acht Millionen Blitzen nieder. Drei Milliarden Blitze pro Jahr töten circa 3000 Menschen, zünden Häuser an und verursachen Waldbrände. Bereits ein Millionstel der bei einem Blitzschlag freiwerdenden Energie ist für einen Menschen gefährlich. Daher kann bei falschem Verhalten jedes Gewitter zur tödlichen Bedrohung werden.

Der Blitz kann dem Menschen auf zwei Arten gefährlich werden, nämlich als direkter Blitzeinschlag oder über den Erdstrom eines nahegelegenen Blitzeinschlages. Gegen beide Bedrohungen ist Ihr Auto der beste Schutz. Es ist als metallener Kasten, mit der Erde verbunden und daher, mit konstantem Potential, ein perfekter »Faradayscher Käfig«. Die Wirkung dieses Faradayschen Käfigs beruht, vereinfacht ausgedrückt, darauf, daß er elektrische Energie um darin befindliche Gegenstände herum ableitet und Insassen auf diese Weise durch Abschirmung vor der elektrischen Energie schützt. Besteht also die Gefahr eines Blitzschlages, so schützen Sie sich folgendermaßen am besten davor:

- Setzen Sie sich in Ihr Auto.
- Schließen Sie die Fenster vollständig.
- Achten Sie darauf, keinen Teil der Fahrzeugwände, vor allem keine Metallteile, zu berühren.
- Verharren Sie so, bis die Gefahr vorbei ist.

Sollte es zu einem Blitzschlag kommen, können, abhängig von Intensität und Art der Einwirkung, Schäden an der elektrischen Anlage des Fahrzeuges oder Schäden anderer Art auftreten.

Zuflucht im Auto II: Schutz vor Kälte und Hitze

Schutz vor Kälte

Immer wieder enden Situationen, in denen Fahrzeuge im Schnee steckenbleiben, durch panikartige Fehlreaktionen oder Unwissenheit der Besatzung tragisch. Dabei bietet gerade in diesem Fall das Auto vielfältige Möglichkeiten. Grundlage für deren Nutzung ist allerdings das Wissen, in welcher Form die Kälte auf den Körper wirkt und wie diese Wirkung herabgesetzt oder vermieden werden kann.

Der Mensch hat die Fähigkeit, seine Körpertemperatur zu regulieren. Sie muß zwischen 36 und 37 Grad Celsius liegen, wenn der Körper voll leistungsfähig sein soll. Abweichungen bis circa 3 Grad Celsius nach unten und circa 4 Grad Celsius nach oben sind bereits lebensbedrohlich, darüber oder darunter liegende Temperaturen, auch bei nur kurzfristiger Dauer, meist tödlich.

Um diese Normtemperatur zu erhalten, erzeugt der Körper Wärme oder gibt sie ab, je nach Bluttemperatur. Abgegeben wird Körperwärme durch:

- Abstrahlung über die Haut an die umgebende Luft (besonders stark, wenn die Luft rasch vorbeistreicht, das heißt bei Wind).
- Verdunstung der normalen Hautfeuchtigkeit und des Schweißes.
- Übertragung von Wärme (direkter Kontakt mit kälteren Substanzen, vor allem Wasser).

Wie stark die Wirkung des Windes auf die Lufttemperatur und daher auf die Abstrahlung der Körperwärme ist, zeigt das folgende Diagramm.

Die diesen Effekt verstärkende Wirkung von Nässe kann nicht so exakt erfaßt werden, da sie nach Art und Grad der Durchnässung stark schwankt. In der Praxis kann jedoch angenommen werden, daß sie die Wirkung von Wind und Kälte um mindestens ein Drittel erhöht.

Von besonderer Bedeutung ist, wie der Körper einen Wärmeverlust ausgleicht. Dazu nimmt das Blut die Wärme in den tieferen Teilen des Körpers (Körperkern) auf und transportiert sie an die Körperoberfläche, wo sie an die Haut abgegeben wird. Die Menge der abgegebenen Wärme hängt von der Intensität der Blutzirkulation ab.

Der bei weitem höchste Wärmeverlust erfolgt über Kopf und Nacken. Die Durchblutung dieser Körperzone ist am vordringlich-

Windgeschwindigkeit in km/h	Temperaturrückgang durch Wind bei Grad (C)																
	+ 2°	– 1°	– 4°	– 7°	– 9°	– 12°	– 15°	– 18°	– 21°	– 23°	– 26°	– 29°	– 32°	– 34°	– 37°	– 40°	– 43°
8	+ 0,5	– 2	– 6	– 9	– 11	– 14	– 17	– 21	– 24	– 26	– 29	– 32	– 35	– 37	– 41	– 44	– 48
16	– 6	– 9	– 13	– 17	– 19	– 22	– 26	– 30	– 32	– 35	– 39	– 43	– 47	– 50	– 53	– 57	– 61
24	– 8	– 12	– 17	– 21	– 24	– 28	– 32	– 36	– 40	– 43	– 46	– 51	– 54	– 57	– 61	– 65	– 68
32	– 11	– 16	– 19	– 23	– 27	– 31	– 36	– 40	– 45	– 47	– 51	– 56	– 60	– 63	– 67	– 71	– 75
40	– 14	– 18	– 21	– 26	– 30	– 34	– 38	– 43	– 47	– 50	– 55	– 59	– 64	– 67	– 71	– 75	– 80
48	– 15	– 19	– 24	– 28	– 32	– 36	– 41	– 45	– 49	– 53	– 57	– 61	– 66	– 70	– 74	– 78	– 83
56	– 16	– 19	– 25	– 29	– 32	– 37	– 42	– 47	– 51	– 55	– 58	– 64	– 68	– 72	– 76	– 81	– 86
64	– 17	– 21	– 26	– 30	– 34	– 38	– 43	– 48	– 52	– 56	– 60	– 66	– 70	– 74	– 77	– 82	– 89
72	– 17	– 21	– 27	– 31	– 35	– 39	– 43	– 48	– 53	– 57	– 61	– 66	– 70	– 74	– 78	– 83	– 89
80	– 18	– 22	– 27	– 31	– 35	– 39	– 44	– 49	– 53	– 57	– 62	– 67	– 71	– 75	– 79	– 84	– 89
		geringe			wachsende (innerhalb von 60 Sekunden)						große (innerhalb von 30 Sekunden)						
		Einfriergefahr von unbedeckter Muskulatur															

Tabelle 12

sten. Diese Körperteile sind aber am wenigsten geschützt, da der Bluttransport unmittelbar unter der Haut erfolgt und somit allen äußeren Einflüssen besonders stark ausgesetzt ist. Der alte Spruch »Wenn Du kalte Füße hast, setz' einen Hut auf« beruht auf dieser Tatsache.

Die Erhaltung der Körperwärme kann also auf zwei verschiedene Arten unterstützt werden. Einmal ganz allgemein durch Schutz vor Wind und Nässe und durch Verbesserung der Isolation gegen die umgebende Kälte, zum anderen durch Intensivierung der Durchblutung durch den Körper selbst in Form von Bewegung. Alle diese Möglichkeiten ergänzen einander und sind auf längere Sicht erst in ihrer Kombination sinnvoll.

Äußerer Kälteschutz

Gegen Wind und Nässe bietet sogar schon ein (geschlossenes) Kabriolett hervorragenden Schutz. Das kann man bei jeder Autofahrt feststellen. Weniger gut ist es bei Autos allerdings mit der Isolation bestellt; die ist so gut wie gar nicht gegeben. Praxistests haben ergeben, daß ein mit einer Person besetztes und während der Fahrt normal beheiztes Fahrzeug bereits 20 Minuten (Durchschnitt) nach Stillstand und Abschalten der Heizung im Inneren die gleiche Temperatur wie außen aufweist. Die Außentemperatur wurde bei diesem Test an einer windgeschützten Stelle gemessen. Die Tests selber wurden mit verschiedenen Fahrzeugen bei Temperaturen zwischen minus 6 und minus 20 Grad Celsius bei unterschiedlichen Wind- und Witterungsverhältnissen und in verschiedenen Höhenlagen durchgeführt.

Soll das Fahrzeug in Schnee und Eis als Kälteschutz dienen, muß folglich zuerst bezüglich einer Verbesserung der Isolation Sorge getragen werden. Die bei entsprechender Schneelage wirkungsvollste Möglichkeit ist, um ihr Fahrzeug herum einen Iglu zu bauen:

- Deponieren Sie alles, was sie an Ausrüstungsgegenständen später auch nur irgendwie gebrauchen könnten, im Fahrzeug.
- Ummanteln Sie Ihr Fahrzeug dann vollständig mit Schneeziegeln. Da Sie auf die Statik keinerlei Rücksicht zu nehmen brauchen, ist der Bau eines »Auto-Iglus« wirklich kein Problem.
- Die benötigten Schneeziegel sind bei einer Größe von circa 25 zu 50 cm, 20 cm hoch, am handlichsten. Sie werden mit der Schaufel oder mit einem anderen geeigneten Behelf ausgeschnitten. Windgepreßter Schnee oder solcher um Temperaturen von minus 2 bis 3 Grad Celsius eignet sich am besten. Der Platz zum Ausstechen der Ziegel sollte möglichst nahe dem Auto sein, um den Transportweg kurz zu halten. Am rationellsten ist es, eine ganze Reihe Ziegel zu schneiden und dann gleich zu verarbeiten.
- Zur Gestaltung des Einganges gibt es zwei Möglichkeiten: Sie benutzen entweder ein Fenster oder eine Tür (nicht die Fahrertür – das Lenkrad erschwert den Einstieg). Fenster: Dazu öffnen Sie vor Beginn des Baues das betreffende Fenster an der windabgekehrten Seite und verbauen es im Zuge der Iglu-Errichtung. Sind Sie damit fertig, so

stechen Sie von außen die Fensteröffnung in ein oder zwei Blöcken aus (Blöcke im Inneren lagern), steigen ein und verschließen die Öffnung wieder von innen. Diese Lösung ist im Bau einfach, hat aber den Nachteil, daß die nach oben steigende Warme Luft bei jedem Öffnen entweicht und der Innenraum daher jedesmal wieder erwärmt werden muß. Tür: Dazu öffnen Sie die entsprechende Tür so weit, daß die Öffnung 60 bis 70 cm breit ist, und verfahren weiter wie oben. Zum Schließen des oberen Spaltes verwenden Sie am besten einige quergelegte Äste oder sonstigen Behelf zum Auflegen der Ziegel. Nach Fertigstellung stechen Sie in der Türöffnung, vom Boden ausgehend einen circa 60 cm hohen Block in der Breite der Türöffnung aus, den Sie dann zum Schließen von innen wieder einsetzen. Der Vorteil dieser Lösung besteht darin, daß auch bei wiederholtem Öffnen die warme Luft zum Großteil im Fahrzeuginneren bleibt.

- Nach Fertigstellung des Iglus »verputzen« Sie ihn noch zusätzlich mit Schnee. Je dicker und lückenloser die Schneeschicht, desto besser die Isolierung. Im Idealfall sollte eine Schneedicke von mindestens 50 cm angestrebt werden.
- Ist der Bau wirklich dicht, brauchen Sie ein Luftloch. Öffnen Sie dazu ein Fenster ein Stück weit und durchstoßen Sie die Schneewand. Ein Loch mit circa 3 cm Durchmesser ist ausreichend. Meist genügen jedoch die beim Schließen des Einstieges verbliebenen Ritzen und Spalten, den Innenraum ausreichend mit frischem Sauerstoff zu versorgen.
- Vergessen Sie vor dem »Einsteigen« nicht, den Iglu so deutlich zu markieren, daß er von eventuellen Berge- oder sonstigen Suchtrupps leicht erkannt werden kann.

Ist der Schnee zum Ausstechen von Ziegeln nicht geeignet, ist das Eingraben des Fahrzeuges eine Alternative, was bei starkem Wind allerdings nicht ganz einfach ist. Fehlt Schnee überhaupt, können als Isoliermaterial auch Moos, Laub, Gras, Zweige, Planen, ja sogar Erde verwendet werden.

Auch die isolierende Wirkung der Bekleidung kann durch Überziehen von Arbeits- und Regenbekleidung oder das Einwickeln in eine Rettungsfolie (beides für Notfälle hoffentlich immer vorhanden) verbessert werden.

Auch das Umhängen eventuell vorhandener Schonbezüge oder das Einlegen von Zeitungspapier zwischen die einzelnen Bekleidungsschichten hilft in diesem Fall.

Wer das Prinzip einmal erkannt hat, wird mit Phantasie und Improvisation immer das Beste aus der gegebenen Situation machen können.

Maßnahmen zur Erwärmung

Wärme ist die notwendige Voraussetzung, die physiologischen Funktionen zu erhalten, die Leistungsfähigkeit zu bewahren und Kälteschäden zu vermeiden. Auch die psychische Situation ist besser, wenn man im Warmen sitzt. Also, ob Sie ein Iglu gebaut, das Fahrzeug eingegraben oder es auf andere Weise isoliert haben, immer muß es der nächste Schritt sein, für ein warmes »Nest« zu sorgen. Mehrere Möglichkeiten bieten sich dazu an:

a) Die Autoheizung:
Am einfachsten, bequemsten und wirkungsvollsten wäre der Einsatz der Autoheizung – aber auch am risikoreichsten! Die größte Gefahr geht dabei von den Auspuffgasen (Kohlenmonoxyd) aus: Ein nicht ganz dichtes Auspuffsystem könnte beispielsweise Ihren Auto-Iglu in eine Gaskammer verwandeln. Zudem kann der Wind die austretenden Auspuffgase durch winzige Spalten und Ritzen, aber auch direkt durch den Schnee oder sonstiges Isoliermaterial in das Innere treiben. Und selbst bei Berücksichtigung der Windrichtung und bei Ableitung der Abgase über eine Schlauchverlängerung könnte ein Drehen des Windes Ihre Vorsichtsmaßnahmen wirkungslos machen.

Ein laufender Motor braucht Luft. Diese saugt er – da er ja im Inneren des Iglus läuft – durch Ritzen und Löcher von außen an: und da sind auch oder gerade bei Windstille diese verdammten Auspuffgase. Sie sehen also: ein Teufelskreis, der nur unter sehr glücklichen Umständen nicht voll zum Tragen kommt.

Eine weitere Gefahr ist die Möglichkeit einer Vergaservereisung. Damit würden Sie nicht nur Ihre Heizung, sondern auch eine sich überraschend und kurzfristig bietende Chance des Weiterfahrens verlieren. Das gleiche gilt auch für das Aufbrauchen des Treibstoffes, was darüber hinaus noch, je nach Gegebenheit, zu andersartigen, aber nicht minder gefährlichen Situationen führen könnte.

Sollte die Lage so verfahren sein, daß Sie nach dem Ausschöpfen aller anderen Möglichkeiten jedes Risiko in Kauf nehmen müssen, um Ihre Überlebenschancen zu wahren, und Sie daher auch eine Benützung der Autoheizung in Betracht ziehen, dann tun Sie dies folgendermaßen: Heizen Sie unter Beachtung der erwähnten Vorsichtsmaßnahmen den »Iglu« nur kurz auf und versuchen Sie, die so gewonnene Wärme durch Einsatz anderer Mittel so lange wie möglich zu erhalten. Je kürzer die Heizzeiten und je länger die Abstände dazwischen sind, desto geringer ist das Risiko.

b) Die Kerzenheizung
Kein Handschuhfach ist zu klein, um einige dieser »Miniheizungen« darin aufzubewahren. Stehen sie im Falle eines Falles zur Verfügung, ist ihre Wirkung ganz ausgezeichnet. Außerdem ist eine Kerze, da sie zum Brennen Sauerstoff braucht, ein idealer Warner vor Sauerstoffmangel. Am tiefsten Punkt des Innenraumes aufgestellt, zeigt sie durch Erlöschen Sauerstoffmangel an. Es ist dann höchste Zeit, zugewehte Luftlöcher wieder zu öffnen oder neue zu schaffen.

Natürlich ist auch jede andere Möglichkeit zur Beheizung zu nützen. Taschenöfen, Heatbags (Erwärmung durch chemische Reaktion) oder auch Gaskocher eignen sich gut, sind allerdings nur selten verfügbar.

c) Die Körperheizung
Auch Ihr Körper gibt Wärme ab und »beheizt« somit den Innenraum. Allerdings muß dieser Verlust an Körperwärme wie-

der ausgeglichen werden. Am besten geht das durch Bewegung. Gymnastik kann auch im kleinsten Auto sinnvoll betrieben werden, besonders wenn ein Liegesitz in eine Übungsfläche verwandelt werden kann. Situps, Radfahren liegend, Liegestütz, halbe Klimmzüge, Kniebeugen, gebücktes Laufen am Ort, Armkreisen, Unterschenkelschleudern – bei einiger Phantasie gibt es unzählige Möglichkeiten, sich zum Zweck der Erwärmung ausreichend zu bewegen.

Ist der Raum beengt, kann derselbe Effekt auch mit isometrischen Übungen erreicht werden. Dazu spannen Sie verschiedene Muskelgruppen circa 5 bis 10 Sekunden maximal an, entspannen sie in etwa halb so lange und wiederholen diesen Vorgang mindestens zehnmal. Dann wechseln Sie zu einer anderen Muskelgruppe über und setzen die Übung fort bis zur völligen Erwärmung.

Das freie Anspannen kann auch durch Drücken oder Ziehen gegen eine unverrückbaren Widerstand ersetzt werden. Ergänzend dazu kann durch Reiben oder Kneten die Durchblutung besonders gefährdeter Körperteile gefördert und damit raschere Erwärmung erreicht werden.

Bei mehreren Personen kann durch enges Zusammenrücken die Körperwärme der anderen als zusätzliche Wärmequelle genutzt werden.

Gleichgültig, welche der Möglichkeiten Ihnen zur Verfügung steht, beachten Sie in jedem Fall folgende Grundsätze:

Lockern Sie alles, was einengt und damit die Durchblutung behindert. Das fängt bei den Schuhbändern an und geht über elastische Abschlüsse bei Socken, Hosen und Ärmeln bis hin zum Gürtel oder zu eng sitzenden Bekleidungsstücken.

Verhindern Sie auf jeden Fall ein Einschlafen. Besonders in den Phasen des relativen Wärmegefühls ist diese Gefahr groß. Unterkühlung während des Schlafes wird nicht wahrgenommen und kann ab 3 Grad Celsius Abweichung von der Normaltemperatur tödlich sein.

Bei mehreren Personen muß zumindest eine wach bleiben, um Sauerstoffmangel, beginnende Unterkühlung oder Erfrierungen (wachsweiße Stellen im Gesicht, an den Ohren und so weiter) rechtzeitig zu erkennen und entsprechende Gegenmaßnahmen zu ergreifen.

Schutz vor Hitze

Off-Road ist es durchaus auch denkbar, daß Sie statt im Schnee im Sand steckengeblieben sind und nicht Schutz vor Kälte, sondern vor glühender Hitze suchen. Denn Hitze kann, besonders für Mitteleuropäer, genauso gefährlich sein wie Kälte. Auch dabei sind die normale Körpertemperatur und Abweichungen davon die Kriterien. Allerdings unter anderen Voraussetzungen.

Die Ursache für eine Gefährdung kann entweder Flüssigkeitsverlust oder Hitzestau im Körper sein: Daraus ergibt sich, daß ein Kühlen der Umgebungsluft und ein Ersetzen des Flüssigkeitsverlustes entscheidend sind.

Da beides in unmittelbarer Wechselwirkung zueinander steht, wollen wir uns auch in diesem Fall zunächst ein paar grundlegende Fakten vor Augen führen, bevor wir uns mit den möglichen Maßnahmen näher auseinandersetzen. Der Mensch besteht zu 60% aus Wasser, das sind bei einem 70 kg schweren Menschen circa 42 l. Schon das zeigt die Bedeutung des Wasserhaushaltes für den Organismus. Die normale Wasserausscheidung des Körpers geschieht in Form von

- Harn (Ausscheidung wasserlöslicher Abbauprodukte über die Nieren) – circa 1,5 l pro Tag.
- Schweiß (Verdunstungskälte an der Körperoberfläche zur Temperaturregulierung) – circa 0,5 l pro Tag.
- Feuchtigkeit der ausgeatmeten Luft – circa 0,5 l pro Tag.

Diese 2,5 l müssen dem Körper täglich zugeführt werden. Die ausgeschiedene Wassermenge steigert sich bei körperlicher Arbeit, Hitze, Kälte und Streß beträchtlich und kann auch 10 l und mehr pro Tag ausmachen. Wird dieser Wasserverlust nicht rasch ersetzt, reagiert der Organismus mit jenen Symptomen, wie sie in der nachfolgenden Tabelle verzeichnet sind.

Wasserverlust des Körpers in Prozent	Wirkung
2,5	Durst, Unbehagen, Appetitlosigkeit, Austrocknung schreitet voran
5	Übelkeit, beschleunigter Puls, gerötete Haut
6–10	Kopfschmerzen, Schwindel, Juckreiz, Gliederkribbeln, undeutliche Aussprache, Unfähigkeit zu laufen
10–15	geschwollene Zunge, Schlucken wird unmöglich, Haut schrumpelt, taubes Gefühl in der Haut, Zuckungen, Taubheit, Sehtrübungen
15–20	lebensgefährdend (bei 30° Umgebungstemperatur Delirium)
25	Tod selbst in kühler Umgebung

Tabelle 13

Der Mensch kann unter größtmöglicher Einschränkung der Schweißabsonderung, der Bewegung und des Energieaufwandes – abhängig von der Umgebungstemperatur – folgende Zeitspanne ohne Wasser überleben:

bei 50 Grad Celsius – circa 3 Tage
bei 30 Grad Celsius – circa 8 Tage
bei 10 Grad Celsius – circa 12 Tage

Die vordringlichste Aufgabe ist daher, das Schwitzen völlig zu vermeiden oder wenigstens das Ausmaß und die Dauer möglichst gering zu halten. Dabei helfen folgende Maßnahmen:

- Sich langsam und ohne Hast bewegen.
- So weit wie möglich Schatten ausnützen.
- Während der Zeit der größten Hitze regungslos ruhen.
- Körperliche Anstrengungen in die Nachtstunden verlegen; damit kann der Trinkwasserverbrauch um bis zu 40% gesenkt werden.
- Bei schwülem und heißem Wetter ein zumindest die Hauptschweißstellen des Körpers vollständig bedeckendes Unterhemd tragen. Unter der Kleidung verdunstet der Schweiß langsamer als auf der nackten Haut.

Beim Vermeiden von Wasserverlusten kann uns auch unser Auto wesentlich unterstützen. Auf jeden Fall durch Schattenspende, manchmal sogar durch Bereitstellen eines beachtlichen Wasservorrats.

1) Die Schattenspende
Müssen Sie im Fahrzeug bleiben, öffnen Sie alle Türen und legen oder spannen über Front- und Heckscheibe sowie über die Türöffnungen verfügbare Planen, Schonbezüge, Fußmatten oder Bekleidungsstücke so, daß keine direkte Sonneneinstrahlung ins Wageninnere kommt, ohne jedoch die Durchlüftung zu behindern.

Können Sie das Fahrzeug verlassen, so lagern Sie auf der Schattenseite auf dem Boden. Bei Bedarf kann dieser Schatten durch Aufspannen diverser geeigneter Hilfsmittel vergrößert oder überhaupt erst geschaffen werden.

Im Notfall kann der Wagen auch behelfsmäßig aufgebockt und im Schatten darunter Schutz gesucht werden.

Sich in Sand oder weicher Erde einzugraben, schafft zusätzliche Isolierung und Kühlung.

2) Die Wasserreserven
Nur in unseren Breiten ist es üblich, grundsätzlich das Kühlwasser mit Frostschutz und das Wasser der Waschanlage mit Reinigungsmitteln zu versetzen und es damit zu vergiften. In entsprechenden Klimazonen reicht für beides klares Wasser aus, das Ihnen im Notfall als Reserve zur Verfügung steht. Sind Sie mit Ihrem eigenen Fahrzeug unterwegs, dann denken Sie an diese Möglichkeit; bei Mietwagen fragen Sie vorher und lassen es bei Bedarf ändern.

Dieses Wasser ist zwar weder in Farbe noch Geschmack mit dem vergleichbar, was Sie gewohnt sind, aber es erfüllt denselben Zweck, und nur darum geht es. Außerdem kann quälendes Durstgefühl zeitlich begrenzt folgendermaßen gedämpft werden:

- Durch Kauen oder Lutschen kleiner Kieselsteine, Obstkerne, Holzstücke und anderes, was die Unterzungenspeicheldrüse zu vermehrter Speichelbildung anregt.
- Früchte und Gemüse enthalten relativ viel Wasser und löschen den Durst gut.
- Durch eine Akupressurtechnik: Der »Schleimhautpunkt« an der Zungenspitze wird mit den vorderen Schneidezähnen rhythmisch zwanzigmal je eine Sekunde lang gepreßt.

Im allgemeinen ist es in einer solchen Situation besser, das wenige vorhandene Wasser zu trinken und mit voller Leistungskraft aktiv zu sein. Das Horten von Wasservorräten zwingt zu dauernder Unterversorgung, schwächt Sie und kann dazu führen, daß Sie im entscheidenden Moment nicht mehr zu Ihrer Rettung beitragen können.

Verirrt

Eine Situation, in die auch die routiniertesten Geländefahrer geraten können: Schnee- oder Sandstürme, Nebel, dichter Regen, Dunkelheit oder sonstiges unsichtiges Wetter oder auch nur ein Moment der Ablenkung oder Unaufmerksamkeit, und schon ist man in einem Geländebereich, den man nicht in die Tour einbeziehen wollte. Das alleine wäre noch kein großes Problem; aber meist werden in dieser Situation dann noch weitere Fehler gemacht – und man verirrt sich vollends. Dabei kann ein solches Problem relativ einfach gemeistert werden, wenn alle Orientierungshilfen wie Karte, Kompaß, vielleicht auch schon Satellitennavigation zur Verfügung stehen.

Wer mit einer Karte umzugehen weiß und eine Kompaß handhaben kann, für den ist das Zurückfinden sicher nur ein zeitliches, aber kein technisches Problem. Bei jedem Kompaß sind in der Betriebsanleitung die Grundtechniken zur Richtungs- und Standortbestimmung erklärt, so daß auch einem weniger Erfahrenen allein mit diesen Hilfsmitteln alle Chancen eröffnet sind. Die prinzipielle Beherrschung dieser Orientierungsmittel wird daher vorausgesetzt.

Viel schwieriger wird die Situation, wenn Sie Ihre Karte verloren haben und der Kompaß funktionsuntüchtig oder sonst nicht verwendbar ist, Sie also keine künstlichen Hilfsmittel zur Verfügung haben.

In diesem Fall sollte man sich einiges bewußt machen, bevor man einen Ausweg sucht.

Die Situation, verirrt zu sein, ist für die meisten Menschen ungewohnt und daher beängstigend. Das Gefühl der Verlassenheit, einer gewissen Hilflosigkeit und der Ungewißheit führt zu starker seelischer Anspannung – Panik droht; das Schlimmste, was passieren kann. Denn Panik führt meist zu kopflosem Fluchtverhalten und unkontrollierten Aktivitäten, die in der Regel nur physische Erschöpfung einbringen. Panik wirkt in der

Gruppe zudem auch noch äußerst ansteckend.

Zur Vermeidung panischer Reaktionen haben sich in der Praxis folgende Maßnahmen bewährt:

- Zwingen Sie sich dazu, sich zu entspannen. Atmen Sie circa 30 mal tief, langsam und ruhig durch. Wenn man es beherrscht, dann helfen autogenes Training oder ähnliche Techniken hervorragend.
- Sparen Sie Energie, verfallen Sie nicht in sinnlose, körperliche Aktivitäten. Kontrollieren sie sich ganz bewußt.
- Machen Sie sich bewußt, daß Verirren wirklich kein Problem ist, das zu lösen Sie nicht in der Lage wären. Diese zusätzliche, nur nicht ganz freiwillig übernommene Aufgabenstellung bewältigen Sie ganz sicher.

Haben Sie mit diesen Hilfsmitteln eine eventuell auftretende Panik erst einmal bezwungen, ist es gar nicht so schwierig mit einer Reihe von logischen Überlegungen, der Beherrschung einiger Techniken und deren Umsetzung in die Praxis, die Situation zu meistern. Je öfter Sie sich mental mit so einer Situation auseinandersetzen, je öfter Sie im Geiste durchspielen, was Sie tun und wie Sie sich verhalten müssen, desto geringer wird im Falle des Falles die Gefahr von Panikhandlungen sein.

Stehen uns nun wirklich keine künstlichen Hilfsmittel zur Orientierung zur Verfügung, dann tragen eine ganze Reihe von Überlegungen zur Lösung des Problems bei: Wieviel Zeit ist vergangen, seit Sie den Weg oder bekanntes Gelände verlassen haben? Wie war das Gelände, in dem Sie sich in der Zwischenzeit bewegt haben beschaffen (fallend, steigend, eben, bewaldet, sumpfig und dergleichen)? Aus welcher Richtung kam der Wind, der Regen, der Schnee, die Sonne (von vorne oder von links und so weiter)? In welcher Richtung sahen oder fühlten Sie – zum Beispiel bei Nebel – die Sonne (von vorne, von welcher Seite oder von hinten)? Können Sie zum Beispiel aus der Erinnerung eindeutig feststellen, daß Sie – höchstens zehn Minuten – im lichten Wald, etwa in der Fallinie, langsam und flach fallend, mit der Sonne im Gesicht gefahren sind, dann ist die Wahrscheinlichkeit sehr hoch im lichten Wald, etwa in der Fallinie bergauf fahrend und mit der Sonne im Rücken wieder auf den verlorenen Weg zu gelangen.

Können Sie allerdings zu den angestellten Überlegungen keine eindeutigen Aussagen machen, was in der Praxis relativ oft der Fall sein wird, dann nutzen Sie, wenn die Umstände (Wetter und Gelände) es erlauben Ihre Sinne, nämlich das *Hören*, das *Sehen* und das *Riechen*.

Konzentrieren Sie sich auf alle Geräusche, die Sie aus der Ferne *hören* können. Lassen Sie sich dabei von Nebengeräuschen wie Ästeknacken, Blätterrauschen, Tierlauten oder ähnlichem nicht ablenken. Zur Erhöhung der Hörfähigkeit legen Sie am besten die Handflächen trichterförmig an die Ohrmuscheln. Folgende Geräusche können Ihnen Hinweise geben: Straßenlärm, Motorgeräusche von Fahrzeugen, Hupen, Geräusche fahrender Züge oder dergleichen; desweiteren Stadtgeräusche wie Kirchenglocken, Sirenen, Fabriklärm, Maschinengeräusche, Musik und so weiter. Hilfreich können auch Haustierlaute wie Hundegebell, das Muhen von Kühen, Blöken von Schafen, das Gackern von Hühnern sein. Horchen Sie auch auf das Rauschen eines Flusses oder eines Wasserfalles. Dabei ist zu bedenken, daß die Hörweite von Geräuschen von der Witterung, von der Windrichtung, von der Oberflächenform des Geländes und von der Tageszeit abhängig ist. Allgemein kann gesagt werden, daß Geräusche bei hoher Luftfeuchtigkeit, starkem Frost, in der Nacht, über große Wasserflächen hinweg oder bei günstiger Windrichtung besonders weit hörbar sind. Gedämpft werden Geräusche bei Hochdruckwetter, bei dichter Bodenbedeckung, in durchschnittlichem Gelände, im allgemeinen bei Tag und bei ungünstiger Windrichtung. Entfernungen zu Geräusch quellen werden im allgemeinen zu kurz geschätzt.

Sich mit den *Augen* zu orientieren ist am einfachsten von einem erhöhten Übersichtspunkt aus. Ein günstig gelegener und leicht erkletterbarer Baum kann ein solcher sein, auch das Dach Ihres Autos oder eine Geländekante. Halten Sie nach allem Ausschau, was Ihnen als Orientierungshilfe dienen kann, wie zum Beispiel bekannte Geländepunkte oder Formen, Gewässer, Brücken, Bauwerke, Straßen und Eisenbahnlinien, Rauchsäulen, Staubfahnen oder Lichtquellen aller Art bei Nacht.

Bei klarer Sicht können dabei bei Tag bis circa 600 Meter einzelne Personen, bis rund 2 Kilometer Kraftfahrzeuge, bis circa 4 Kilometer Fahrzeugkolonnen, bis 5 Kilometer Häuser und Brücken und bis etwa 7 Kilometer Staubfahnen und Rauchsäulen erkannt werden. Bei Nacht sind Autoscheinwerfer über 5 bis 10 Kilometer, die Lichter einzelner Häuser über 10 bis 20 Kilometer, und bis zu 40 Kilometer kleine beleuchtete Ortschaften oder Städte zu sehen.

Auch *Gerüche* können Ihnen anzeigen, in welcher Richtung Sie wieder auf Zivilisation treffen könnten. Achten Sie dabei besonders auf Autoabgase, Kanalisation, Viehgeruch oder Rauch. Bedenken Sie dabei jedoch, daß Sie eventuell aufgefangene Gerüche auch mit der Windrichtung in Zusammenhang bringen müssen.

Ist es Ihnen gelungen, auf einer der beschriebenen Weisen eindeutig Richtung und vielleicht auch Entfernung zu einem Ihnen wieder bekannten Gelände zu finden, dann gilt es nur noch die Richtung dorthin auch ohne Hilfsmittel einzuhalten und eventuell vorhandene Geländehindernisse zu überwinden. Waren jedoch auch diese Versuche, den Weg oder wenigstens die Richtung zurück zu finden erfolglos, dann stehen wir jetzt vor der Frage: Wie geht es weiter? An sich haben Sie nur die Wahl zwischen zwei grundsätzlichen Möglichkeiten. Entweder verbleiben Sie vorerst am Ort und biwakieren oder Sie unternehmen weitere Anstrengungen mit anderen Methoden. Die Entscheidung für eine der beiden Möglichkeiten sollte keinesfalls spontan oder aus irgendeiner Gefühlsregung heraus, sondern ausschließlich aufgrund einer sachlichen Situationsanalyse erfolgen. Diese könnte folgendermaßen aussehen:

Welche Personen wissen über Ihre Absichten Bescheid (geplanter Marschweg, beabsichtigte Tour-Dauer beziehungsweise Rückkehrzeit)? Wurden mit diesen Personen irgendwelche Absprachen bezüglich verspäteten Eintreffens, Abholung und so weiter getroffen? Ist damit zu rechnen, daß Sie von diesen Personen gesucht werden oder daß eine Suche veranlaßt wird? Wenn ja, bis wann kann realistisch mit dem Eintreffen der Helfer gerechnet werden? Kann es sein, daß andere Leute vielleicht sogar in der Nähe sind, die Ihre Notsignale hören könnten?

Ist die momentane oder absehbare Witterung bedrohlich? Ist das Wetter stabil oder ist eine Wetteränderung zu erwarten? Wie lange haben Sie noch Tageslicht beziehungsweise wann wird es wieder hell? Wie ist das Gelände beschaffen (felsig, bewaldet, zerklüftet, hügelig, flach, sumpfig)? Bietet es Schutz gegen Witterung? Behindert oder erleichtert es Bewegung (geringe oder starke Steigung, Gefälle, frei oder dichter Bewuchs, Hindernisse und dergleichen)? Gibt es größere Hindernisse, wie Abbrüche, Steilstufen, Gewässer, tiefer Schnee oder ähnliches?

Hinsichtlich der Bereiche Bekleidung, Ausrüstung und Nahrung sollten Sie folgende Überlegungen anstellen: Ist Ihre Bekleidung auch für einen längeren Aufenthalt in der Natur geeignet? Haben Sie zusätzliche Bekleidung mit (Überbekleidung, Unterwäsche, Socken, Handschuhe und dergleichen)? Sind die Kleider beschädigt, durchnäßt oder noch voll funktionsfähig? Haben Sie noch zusätzliche Ausrüstung mit, die für den Aufenthalt oder für das Bewegen im Gelände nützlich sein kann? Ist Ihr Fahrzeug noch funktionsfähig? Für wie lange reicht der Treibstoff? Reicht Ihr Vorrat an Getränken und anderen Nahrungsmitteln? Dazu sei gesagt, daß bei bis zu sieben Tagen ohne Nahrung kaum ein Leistungsverlust eintritt, solange man ausreichend zu trinken hat. Bei eingeschränkter Leistung kann man bis zu drei Wochen ohne Nahrung durchhalten. Ohne Wasser allerdings kann man als Durchschnitt maximal drei Tage, als absoluten Höchstwert, abhängig von der Außentemperatur und den gegebenen Umständen, bis zu zwölf Tagen annehmen.

Günstige oder akzeptable äußere Bedingungen nutzen Ihnen unter Umständen wenig, wenn Ihre körperliche und psychische Verfassung oder Ihr fehlendes Know-how im Gelände aktive Selbsthilfe nicht zulassen, ja Ihre Lage vielleicht sogar noch verfahrener machen. Sehr oft entscheidet es sich in diesen beiden Bereichen, ob Sie sofort aus eigener Kraft einen Ausweg finden, ob es besser ist, zu biwakieren und auf Hilfe zu warten. Stellen Sie sich folgende Fragen und seien Sie bei Ihrer Beantwortung ehrlich zu sich selbst:

Neigen Sie zu Angst- und Panikfällen? Kann es bei Ihnen vorkommen, daß Sie den Glauben an den Erfolg eines Unternehmens vorschnell aufgeben? Fühlen Sie sich leistungsfähig? Sind Sie verletzt? Beherrschen Sie die notwendigen Oreintierungstechniken bzw. die Techniken zur Bewältigung von Geländehindernissen?

Wenn Sie nicht allein sind, muß der Maßstab Ihrer Überlegungen die Leistungsfähigkeit der schwächsten Begleitperson sein – Kind, verletzte oder untrainierte Personen. Die Erfahrung zeigt, daß es besser ist zu biwakieren, wenn die Chance besteht, daß ein Suchtrupp losgeschickt wird, die Witterung zu schlecht ist, keine oder nur mangelhafte Erfahrungen und Kenntnisse mit den notwendigen Hilfstechniken bestehen sowie Ausrüstung nicht ausreichend verfügbar ist.

Sollten Sie sich für das Biwakieren entscheiden, muß der Lagerplatz nach folgenden Kriterien ausgesucht werden:

Besteht eine Gefährdung des Ortes durch Stein- oder Eisschlag, Lawinen, Muren, Hochwasser oder ähnliches? Bietet der Platz genügend Standfläche und Schutz vor der Witterung? Ist der Untergrund eben und trocken genug? Besteht die Möglichkeit, die Umgebung möglichst weiträumig einsehen zu können, um einen eventuellen Suchtrupp auf Sie aufmerksam zu machen? Gibt es ausreichend Brennmaterialien in der näheren Umgebung für Lager- oder Signalfeuer? Wie steht es mit der Ergänzung Ihrer Wasservorräte? Gibt es in erreichbarer Nähe Gewässer oder Wasserstellen?

Es empfiehlt sich, beim Biwakieren von Anfang an möglichst sparsam mit den Vorräten umzugehen und sich auf mehrere Tage einzurichten.

In den meisten Fällen werden Sie zur Selbsthilfe greifen und sich auf die Suche machen; schon allein weil Sie auf vier Rädern in hohem Maß mobil sind und selbst größere Entfernungen in relativ kurzer Zeit zurücklegen können, daß Ihre Chancen überaus gut stehen, bekanntes oder lokalisierbares Terrain zu erreichen. Aber auch dabei sollten Sie sich vor jedem Schritt überlegen, was Sie im einzelnen damit bezwecken wollen, bevor Sie ihn in die Tat umsetzen.

Es bieten sich grundsätzlich zwei Strategien an: Sie können die Situation bewältigen, indem Sie entweder versuchen, wieder auf den richtigen Weg zurückzugelangen (Wegsuche), oder einfach nur die nächste Siedlung oder Ortschaft zu erreichen, um sich dort neu zu orientierung (Richtungssuche). Folgende Hilfen bieten sich für letzteren Fall an:

1) Folgen Sie dem Lauf von Flüssen. Wasser zieht immer Menschen an. Gelingt es Ihnen, einen Flußlauf lange genug zu folgen, ist Ihnen der Erfolg so gut wie sicher. Ein besonderer Vorteil dieser Methode ist es, daß Sie immer genügend Trinkwasser haben werden. Außerdem geht es auch den größten Teil der Strecke bergab – das spart Treibstoff. Manchmal gibt es auch größere vegetationslose Uferstreifen, die Ihnen ein zügiges Fortkommen ermöglichen. Nachteilig wirken sich jegliche Art von Morast, sumpfigem Gelände und die Vielzahl von Flußkrümmungen aus, die den Weg verlängern beziehungsweise erschweren. Flüsse können über einen bestimmten Abschnitt hinweg auch tief in das Gelände eingeschnitten sein (zum Beispiel Schluchten) oder durch unwegsames Gelände führen (zum Beispiel Urwald, Felsenlandschaft), dann sind Sie gezwungen, Umwege in Kauf zu nehmen und stehen vor dem Problem, zum Fluß zurückfinden zu müssen.
2) Erlauben es die Geländebedingungen, so bietet es sich an – mit dem Fahrzeug oder notfalls zu Fuß – dem Verlauf von Höhenrücken, Hügel- oder Dünenkämmen zu fol-

gen. Sie gewinnen so eine bessere Übersicht.

3) Sie fahren konsequent in eine festgelegte Himmelsrichtung. Diese Methode macht allerdings nur dann Sinn, wenn Sie entweder einen bestimmten Richtpunkt ausgemacht haben, den Sie erreichen wollen, der aber nicht die ganze Strecke über sichtbar bleiben wird, oder wenn Sie aufgrund der noch in Erinnerung behaltenen Karte wissen, daß Sie in dieser Richtung auf bekanntes Terrain, eine Ortschaft oder eine Straße stoßen werden.

Für die Wegsuche hat man zwei effektive Hilfstechniken entwickelt – die sogenannte Stern- und die Sechseckmethode:

1) Wenden Sie die Sternmethode an, müssen Sie Ihren gegenwärtigen Standpunkt im Gelände markieren (Punkt B auf der Skizze) und dann in etwa so lange in eine beliebige Richtung fahren, wie Sie benötigt haben, um vom richtigen Weg (A) zu Ihrer momentanen Position abzukommen. Markieren Sie unterwegs die gefahrene Strecke in kurzen regelmäßigen Abständen. Rechnen Sie die Zeit, die Sie für das Anbringen der Markierungen benötigen, Ihrer Fahrzeit hinzu, damit Sie die »Sternstrahlen« nicht zu früh abbrechen (C). Haben Sie danach den verlorenen Weg nicht wieder gefunden (D), so folgen Sie Ihrer eigenen Fahrspur (beziehungsweise den Markierungen) wieder bis zum markierten Ausgangspunkt zurück und wiederholen den Vorgang in eine andere Richtung (C2).

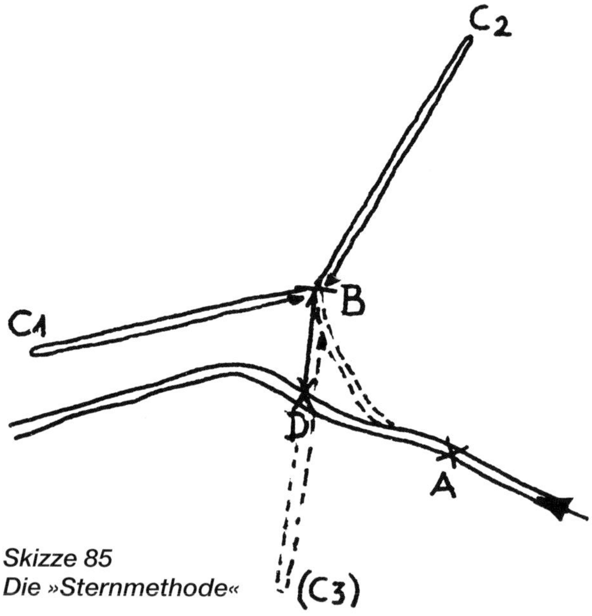

Skizze 85
Die »Sternmethode«

2) Die Sechseckmethode erspart Ihnen häufiges Probieren. Der Ablauf ist folgender: Markieren Sie im Gelände Ihren gegenwärtigen Standort (B). Schätzen Sie ab, wie lange Sie gefahren sind, seit Sie den richtigen Weg (A) verlassen haben. Nehmen wir an, Sie waren 30 Minuten unterwegs. Fahren Sie nun 35 Minuten in eine beliebige Richtung. Markieren Sie dabei in kurzen, regelmäßigen Abständen die gefahrene Strecke im Gelände. Rechnen Sie die Zeit, die Sie für das Anbringen der Streckenmarkierungen benötigen, zur Fahrzeit hinzu. Den nach Ablauf der Zeit erreichten Punkt kennzeichnen Sie ebenfalls (C1). Fahren Sie nun in einem Winkel von 60 Grad zur zurückgelegten Strecke die gleiche Zeit in die neue Richtung. Markieren Sie auch diesen Weg und den schließlich erreichten Punkt (C2). Verlängern Sie gedanklich die soeben gefahrene Strecke und weichen Sie von ihr um 60 Grad nach rechts ab. Nach etwas mehr als 35 Minuten (Wegmarkierungen!) erreichen Sie

Punkt C3, den Sie gleichfalls kennzeichnen. Würden Sie dieses Verfahren nun sechsmal wiederholen, müßten Sie theoretisch wieder Punkt C1 erreichen.
Dieses Fahren im Sechseck wird Sie aber, wenn Sie alles richtig gemacht haben, schon vorher wieder auf bekanntes Gelände oder auf den verlorenen Weg zurückführen.

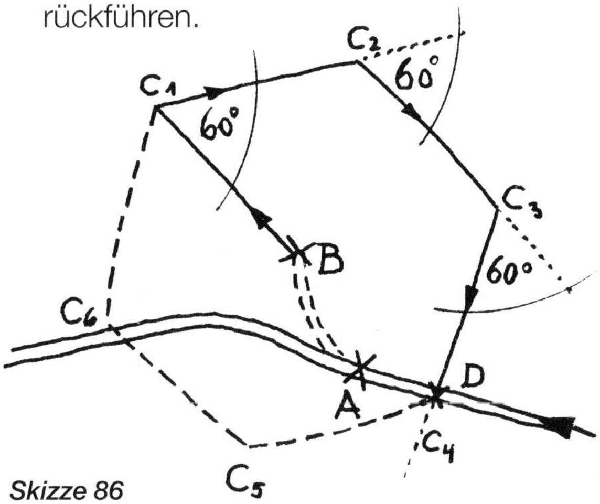

Skizze 86
Die »Sechseckmethode«

Leider klingen diese beiden Techniken viel einfacher als sie es tatsächlich sind. Das Einhalten einer Fahrtrichtung ohne Kompaß erfolgt am besten nach auffälligen Landmarken am Horizont beziehungsweise auch nach dem Stand der Sonne. Die zu fahrenden Entfernungen lassen sich einfach mit der Uhr und mit dem Kilometerzähler bestimmen. Geländehindernisse oder schwierige Geländeabschnitte müssen allerdings mit der entsprechenden Fahrtechnik bewältigt werden. Dabei ist wichtig, Zeitverluste oder -gewinne in die Gesamtrechnung einzubeziehen. Entscheidend ist aber die Frage, ob Ihre Treibstoffreserven für diese Manöver ausreichen.

Führt weder die eine noch die andere Methode zum Erfolg, dann stehen Sie vor der Entscheidung, entweder beim Fahrzeug zu bleiben und auf Hilfe zu warten oder den Wagen zu verlassen und zu Fuß Ihr Glück zu versuchen.

Einige Tips zum Umweltschutz

Es macht in meinen Augen keinen Sinn, das Off-Road-Fahren verdammen oder gar verbieten zu wollen, nur weil es eine Freizeitaktivität ist, die sich des Autos bedient, wenn parallel weltweit die Zahl der Fahrzeug-Neuzulassungen und die Verkehrsdichte ansteigen. Im Vergleich hierzu brächten der Umwelt die daraus resultierenden Emissionseinsparungen wenig bis gar nichts. Sehr wohl aber ist es die Pflicht jedes Off-Road-Fahrers zum Erhalt der Umwelt beizutragen. Beim Fahren wie beim Biwakieren gilt es Rücksicht walten zu lassen, Schäden zu vermeiden und die Umweltbelastungen auf ein für alle erträgliches Maß zu reduzieren. Folgende Grundsätze sollte unbedingt beachtet werden:

- Verlassen Sie Pisten und Wege nur dort, wo es erlaubt ist, oder wenn eine Notsituation Sie dazu zwingt. Klammern Sie von vornherein solche Geländeabschnitte aus Ihrer Streckenplanung aus, deren Befahren verboten ist oder unverantwortliche Schäden hinterlassen würde (beispielsweise Bannforste oder Naturschutzgebiete).
- Wählen Sie auch Ihre Fahrspur verantwortungsbewußt aus. Fahren Sie in der Gruppe und sind Sie mit mehreren Fahrzeugen unterwegs, sollte sich jeder Fahrer seine eigene Spur suchen.
- Fahren Sie langsam und mit wenig Gas.
- Vermeiden Sie das Durchdrehen der Räder sowie das Rutschen des Fahrzeugs.

- Vermeiden Sie unnötiges Streifen oder Überfahren der Vegetation. Ihr Wagen und die Natur werden es Ihnen danken.
- In freier Natur herrscht meist eine wohltuende Stille. Sie müssen nicht unbedingt dafür sorgen, daß sich daran etwas ändert. Stellen Sie also Ihr Radio leise, verzichten Sie auf Ihre Hupe und halten Sie den Lärmpegel Ihres Biwaks auf normaler Lautstärke. Davon profitieren vor allem Sie selbst, denn beunruhigtes, scheues Wild bietet Ihnen wenig Gelegenheit zum Beobachten und Fotografieren.
- Lassen Sie Ihre Abfälle nicht einfach in der Natur liegen, sondern nehmen Sie diese in einem Müllsack verpackt im Auto mit. Sie können den Müll dann in der nächsten größeren Ortschaft meist problemlos entsorgen.
- Man bricht sich übrigens keinen Zacken aus der Krone, wenn man auch einmal Abfälle von weniger rücksichtsvollen Mitmenschen unterwegs einsammelt und mitnimmt.
- Benutzen Sie Mutter Erde niemals dazu, Ihr lästiges Altöl loszuwerden. Nehmen Sie einen notwendig gewordenen Ölwechsel rechtzeitig in einer Autowerkstatt oder auf dafür geeignetem Gelände vor. Unterwegs sollten Sie Altöl in einem Behälter auffangen und es zur nächsten Entsorgungsmöglichkeit mitnehmen.

Hilfreiche Adressen

Anbei einige Adressen, die Ihnen die Informationsbeschaffung in allen Bereichen erleichtern und die Anschaffung von entsprechender Ausrüstung und Bekleidung vereinfachen sollen.

Anbieter von Geländewagen-Reisen

Adventure-World-GmbH
Witzelsdorf 26
84160 Frontenhausen
Telefon (08732) 2262

Bike-Tours:
Auf vom Veranstalter gestellten Geländewagen geht es durch Australien.
Einsiedeleiweg 16
57399 Kirchhundem
Telefon (02764) 7824

Renko Bruhn:
Off-Road-Touren durch die Wüstenlandschaften der Baja California.
Karl-Muck-Platz 9–11
20355 Hamburg
Telefon (040) 345882

Campertours Worldwide:
4x4 Wohnmobile in USA und Alaska, Geländewagen in Australien, Südafrika und Hawaii.
Dr. Hermann-Bahr-Straße 3
47441 Moors
Telefon (02841) 16464

Canaria:
Im gemieteten Geländewagen kann man Fuerteventura entweder auf eigene Faust oder in einer geführten Gruppe erforschen.
Dr.-Toni-Straße 1
84332 Hebertsfelden
Telefon (08721) 6831.

Duma-Reisen:
Safaris für Selbstfahrer in Kenia.
Nekarstaden 4
69117 Heidelberg
Telefon (06221) 163021

Wer auf die Natur die gebotene Rücksicht nimmt, braucht sich sein Hobby nicht madig machen zu lassen.

Excellent-Reisen:
Per Geländewagen und Boot wird das brasilianische Pantanal erkundet.
Sonnenstraße 20
80331 München
Telefon (089) 593662

Helios-Reisen:
Geländewagen-Touren in Ägypten.
Paul-Heyse-Straße 12
80336 München
Telefon (089) 539681

Opti Tours:
Ungarn. Geländewagen-Fahrschule.
Lagerstraße 12
64297 Darmstadt
Telefon (06151) 57914

ORV:
Rallye München–Marrakesch.
Prof.-Messerschmitt-Straße 3
85579 Neubiberg
Telefon (089) 60821228

PURA-VIDA,
Gutenbergstraße 1
87600 Kaufbeuren
Telefon (08341) 26 57

Reisebüro Norden:
Nordeuropa. Geländewagen-Verleih in Island.
Ost-West-Straße 70
20457 Hamburg
Telefon (040) 3600150

Road Rangers:
Mit dem geländegängigen Wohnmobil individuelle Türkei-Reisen.
Servicestation Gut Wildschwaige
85445 Oberding
Telefon (07940) 20 01

The Rolling Rover:
Geländewagenfahrten in der Sahara.
Landshuter Allee 75
80673 München
Telefon (089) 1679124

Saro-Expeditionen:
Geländewagen-Touren in Nordafrika.
Ebersberger Straße 69
83024 Rosenheim
Telefon (08031) 83834 oder 14074

Sunrise Travel Service:
Seidenstraßen-Tour mit Durchquerung der Taklamakan-Wüste mit dem Geländewagen.
Heinrich-von-Kleist-Straße 10
53113 Bonn
Telefon (0228) 222003

T.I.P. Incentive:
Einwöchige Geländewagen-Touren über den Rubicon Trail (USA), durch die Baja California.
Gänsemarkt 23
20354 Hamburg
Telefon (040) 35001857

VDK-LTB-Reisedienst
Fellingstraße 31
80799 München
Telefon (089) 286031

Expeditions-Services

Adventurer Shop
Michael Blömeke
Ettlinger Straße 9
76137 Karlsruhe
Telefon (0721) 36992

AFT – Alles für Tramper GmbH
Bundesallee 88
12161 Berlin
Telefon (030) 8518069

Bannat Globetrotter-
& Expeditions-ausrüstung
Lietzenburger Straße 65
10719 Berlin
Telefon (030) 8827601

Sport-Berger
Münchner Straße 88–90
85757 Karlsfeld-Rothschwaige
Telefon (08131) 98051

Därr's Travelshop
Theresienstraße 66
80333 München
Telefon (089) 282032
Telefax (089) 282525

Daressalaam
Venloer Straße 234
50823 Köln
Telefon (0221) 528920
Telefax (0221) 526012

Denart & Lechhart
Globetrotter Ausrüstung
Wiesendamm 1
22305 Hamburg
Telefon (040) 6548025

Globetrotter München
Deisenhofener Straße 108
81539 München
Telefon (089) 6916767

Hof & Turecek Expeditionsservice
Markgraf-Rüdiger-Straße 1
A-1150 Wien
Telefon (01) 922361, 952174
Telefax (01) 9821921

Lauche & Maas München
Alte Allee 28
81245 München
Telefon (089) 880705
Telefax (089) 831288

Lauche & Maas Jena
Karl-Liebknecht-Straße 11
07749 Jena

Muer-Geländewagenzubehör
Fischerstraße 39
48231 Warendorf
Telefon (02581) 62118

Outdoor & Offroad Service
Jürgen Pfeischifter
Rektor-Thar-Straße 1
50374 Erftstadt
Telefon (02235) 86327

Prinz-Globetrotter-
Expeditionsausrüstung
Schmiedgasse 17–19
94032 Passau
Telefon (0851) 36220
Telefax (0851) 35914

Robinson Ausrüstung
Friedrich Fürnweger
Kriemhildplatz 10
A-1152 Wien
Telefon (01) 9825655
Telefax (01) 9823991

Sahara Spezial
Bahnhofstraße 65
35390 Gießen
Telefon (0641) 74774
Telefax (0641) 76770

Suntruck
Industriestraße 18–22
91325 Adelsdorf
Telefon (09195) 30 99

Globetrotter Zentrale
Bernd Tesch
Karlsgraben 69
52064 Aachen
Telefon (0241) 33636
Telefax (0241) 39494

Bernd Woick GmbH
Gutenbergstraße 14
49076 Ostfildern
Telefon (0711) 455038
Telefax (0711) 4560526

Tropenmedizinische Institute in Deutschland

Nordufer 20
13353 Berlin
Telefon (030) 3032866

Bernhard-Nocht-Straße 74
20359 Hamburg
Telefon (040) 311021

Viktoriastraße 11–13
56068 Koblenz
Telefon (0261) 40006950

Im Neuenheimer Feld 324
69120 Heidelberg
Telefon (06221) 562905

Wilhelmstraße 31
72074 Tübingen
Telefon (07071) 292365

Leopoldstraße 5
80802 München
Telefon (089) 333322

Salvatorstraße 7
97074 Würzburg
Telefon (0931) 8091

Tropenmedizinisches Institut der Universität Wien

Kinderspitalgasse 15
A-1090 Wien
Telefon (01) 434392